21 世纪全国高等院校汽车类创新型应用人才培养规划教材

"十二五"江苏省高等学校重点教材（编号：2015-2-037）

汽车专业模块化系列教材

汽车车身控制系统

主　编　杭卫星

副主编　陈卫兵　汪　伟

主　审　鲁植雄

内容简介

汽车专业模块化系列教材借鉴德国高等学校汽车专业课程体系及德国手工业协会教材特点，从工程应用的角度出发，集结构、原理、故障诊断于一体，彰显专业理论知识的系统性、整体性和科学性。本书主要介绍了汽车车身各系统的控制原理、检测及故障诊断方法等。全书共分 6 章，分别介绍了汽车电路识图与分析、汽车安全气囊系统、汽车空调系统、汽车中控门锁与车身防盗系统、汽车数据总线传输系统、汽车影音与导航系统。本书内容丰富全面，图文并茂，实用性强。

本书可作为高等院校汽车服务工程、车辆工程、交通运输及相关专业的本科教材，也可供汽车服务企业技术人员、管理人员及汽车爱好者阅读参考。

图书在版编目（CIP）数据

汽车车身控制系统 / 杭卫星主编 . —北京：北京大学出版社，2016.5
（21 世纪全国高等院校汽车类创新型应用人才培养规划教材）
ISBN 978-7-301-27023-3

Ⅰ. ①汽… Ⅱ. ①杭… Ⅲ. ①汽车—车体—控制系统 – 车辆修理 – 高等学校 – 教材 Ⅳ. ① U472.41

中国版本图书馆 CIP 数据核字（2016）第 079105 号

书　　名	汽车车身控制系统
	Qiche Cheshen Kongzhi Xitong
著作责任者	杭卫星　主编
策 划 编 辑	童君鑫
责 任 编 辑	黄红珍
标 准 书 号	ISBN 978-7-301-27023-3
出 版 发 行	北京大学出版社
地　　址	北京市海淀区成府路 205 号　100871
网　　址	http://www.pup.cn　新浪微博：@ 北京大学出版社
电 子 信 箱	pup_6@163.com
电　　话	邮购部 62752015　发行部 62750672　编辑部 62750667
印 刷 者	北京溢漾印刷有限公司
经 销 者	新华书店
	787 毫米 ×1092 毫米　16 开本　12 印张　280 千字
	2016 年 5 月第 1 版　2016 年 5 月第 1 次印刷
定　　价	28.00 元

未经许可，不得以任何方式复制或抄袭本书之部分或全部内容。
版权所有，侵权必究
举报电话：010-62752024　电子信箱：fd@pup.pku.edu.cn
图书如有印装质量问题，请与出版部联系，电话：010-62756370

前　　言

汽车产业是我国国民经济发展的支柱产业，连续5年产量和销量位居世界第一位，国内汽车年产销量已超过2000万辆，而且市场需求持续旺盛。汽车产业的迅猛发展需要大量的从事汽车后市场服务的高端人才。在此背景下，全国有120余所本科院校顺应汽车后市场人才需求热潮，纷纷开设汽车服务工程专业，为汽车后市场输送了大量的技术人才。但随着汽车高度电子化、智能化的发展，汽车已发展成为集计算机技术、智能控制技术、光电传输技术、新工艺和新材料于一体的高科技载体，汽车新技术的不断涌现及检测、诊断仪器设备的智能化和自动化，使得汽车服务企业对人才知识、能力的要求日益提升。因此，编写一套系统性、整体性强的专业模块化系列教材，对培养具有工程实践能力和创新能力的应用型人才意义重大。

"他山之石，可以攻玉"。为满足社会对高端汽车服务业人才的迫切需求，编者借鉴了德国高等学校汽车专业课程体系及德国手工业协会教材特点——集汽车各系统的构造、原理、故障诊断等知识于一体，与中外相关汽车服务行业专家共同制定了以"实践为主、学术并重"的模块化、本土化教材编写大纲及教材编写标准，并根据多年从事汽车服务工程专业的教学经验，编写了此系列教材。

本系列教材包括《汽车发动机机械系统》《汽车发动机管理系统》《汽车底盘机械系统》《汽车底盘控制系统》《汽车车身控制系统》，其编写特色如下：

（1）打破学科体系下的教材编写模式，将课程内容模块化，紧扣工程实际，从汽车的结构原理出发分析故障产生的机理、原因。

（2）在内容结构上先简述汽车各系统的构造和原理，再详细分析各系统故障诊断的思路、方法，并用经典故障案例加以佐证。

（3）内容丰富全面，信息量大，内容翔实、图文并茂、技术先进、实用性强。

本书详细阐述了汽车车身系统的结构、工作原理及故障诊断方法等；主要内容包括汽车电路识图与分析，汽车安全气囊系统的结构、工作原理及诊断方法，汽车空调系统的结构、工作原理及诊断方法，汽车中控门锁与车身防盗系统的结构、工作原理及诊断方法，汽车数据总线传输系统的结构、工作原理及诊断方法，汽车影音与导航系统的结构、工作原理及诊断方法等；并以典型轿车为例，阐述了上述各系统控制原理及故障的具体诊断流程。

本书由江苏理工学院杭卫星担任主编并统稿，江苏理工学院陈卫兵、汪伟担任副主编，具体编写分工：杭卫星编写第1、2章，陈卫兵编写第3、4章，汪伟编写第5章，倪彰编写第6章。

本书由南京农业大学鲁植雄教授主审。鲁植雄教授仔细阅读了全稿，并提出了许多建设性意见，编者在此表示最诚挚的谢意。

在本系列教材的编写过程中，编者得到了大众奥迪汽车 4S 店、宝马 4S 店等企业技术人员的大力支持；同时参考了部分企业内训材料和出版资料，谨此表示衷心的感谢和崇高的敬意。

由于编者水平有限，书中难免存在疏漏和不妥之处，恳请广大读者批评指正。

编　者
2016 年 1 月

目 录

第1章 汽车电路识图与分析 1
1.1 汽车电路基本知识 2
1.1.1 汽车电路的特点 2
1.1.2 汽车电路的组成 3
1.2 识读电路图 8
1.2.1 电路图解析 8
1.2.2 读图要领 15
1.2.3 识图举例 17
1.3 各车系电路图的分类与识读 18
1.3.1 汽车电路图的分类及识读方法 18
1.3.2 汽车电路图的识读技巧 27
习题 29

第2章 汽车安全气囊系统 30
2.1 安全气囊系统概述 31
2.1.1 安全气囊的作用 31
2.1.2 安全气囊系统的基本组成 31
2.1.3 安全气囊系统的工作原理 39
2.1.4 安全气囊系统的工作过程 39
2.2 安全气囊系统的维修 40
2.2.1 安全气囊系统的故障诊断方法 40
2.2.2 常规的检测工具与仪器的使用 41
2.2.3 诊断仪的使用及检测要点 42
2.2.4 安全气囊控制单元的编程及匹配 46
2.2.5 维修安全注意事项 48
2.3 安全气囊系统的处置 49
2.4 典型故障检修案例 51
习题 52

第3章 汽车空调系统 53
3.1 汽车空调系统概述 54
3.2 汽车空调制冷系统的组成及工作原理 56
3.2.1 空调制冷系统的组成 56
3.2.2 空调系统的工作原理 56
3.2.3 空调制冷系统主要部件的结构及工作原理 58
3.3 奥迪汽车空调系统 65
3.3.1 奥迪汽车全自动空调系统概述 65
3.3.2 传感器及执行器 66
3.3.3 空调空气管路及送风系统 68
3.3.4 循环空气模式及外部空气模式 71
3.4 汽车空调系统的检修 72
3.4.1 空调系统的常规操作 72
3.4.2 空调系统的故障诊断 74
3.4.3 空调制冷系统的检修 77
3.4.4 空调系统的性能测试 84
3.5 典型故障检修案例 85
习题 87

第4章 汽车中控门锁与车身防盗系统 88
4.1 中控门锁与车身防盗系统概述 89
4.1.1 汽车中控门锁系统 89
4.1.2 汽车车身防盗装置的类型与特点 89
4.2 丰田汽车无总线控制的中控防盗系统 95
4.2.1 中控门锁及遥控门锁控制系统 95

4.2.2　遥控发射器及车身
　　　　　防盗系统 ·················· 97
4.3　凯美瑞汽车中控防盗及
　　　智能上车控制系统 ············ 101
　　4.3.1　凯美瑞汽车中控门锁
　　　　　控制系统 ················· 101
　　4.3.2　凯美瑞汽车遥控门锁
　　　　　控制系统 ················· 104
　　4.3.3　凯美瑞汽车智能上车系统 ···· 106
　　4.3.4　凯美瑞汽车车身防盗系统 ···· 115
4.4　中控防盗系统主要部件检修 ······ 117
　　4.4.1　电动中控门锁系统检修 ······ 117
　　4.4.2　汽车车身防盗系统检修 ······ 118
4.5　典型故障检修案例 ················ 120
习题 ··· 124

第5章　汽车数据总线传输系统 ········ 125

5.1　CAN数据传输系统组成与
　　　工作原理 ·························· 126
　　5.1.1　CAN数据传输系统组成 ········ 127
　　5.1.2　CAN数据总线传输
　　　　　原理与过程 ················ 128
5.2　CAN-BUS汽车数据总线传输系统
　　　故障类型及检测诊断方法 ········ 131
　　5.2.1　汽车电源系统故障引起汽车
　　　　　数据总线传输系统故障 ······ 131
　　5.2.2　汽车数据总线传输系统
　　　　　节点故障 ··················· 132
　　5.2.3　汽车数据总线传输系统
　　　　　链路故障 ··················· 133

　　5.2.4　汽车数据总线系统
　　　　　一般诊断步骤 ·············· 133
5.3　奥迪汽车数据总线传输系统 ······ 133
　　5.3.1　奥迪汽车CAN数据总线
　　　　　传输系统组成 ·············· 134
　　5.3.2　奥迪汽车CAN数据总线
　　　　　传输系统特点 ·············· 136
　　5.3.3　奥迪车型数据总线
　　　　　传输系统诊断与检修 ······· 139
5.4　典型故障检修案例 ················ 152
习题 ··· 155

第6章　汽车影音与导航系统 ··········· 156

6.1　汽车音响系统基础知识 ··········· 157
　　6.1.1　汽车音响系统的
　　　　　特点及组成 ················ 157
　　6.1.2　汽车音响基本配置 ·········· 159
　　6.1.3　汽车音响系统结构与
　　　　　工作原理 ···················· 162
6.2　汽车导航系统 ······················ 164
　　6.2.1　导航系统简介 ··············· 164
　　6.2.2　车载导航系统组成与功能 ··· 164
　　6.2.3　汽车导航系统加装 ·········· 166
6.3　典型车型影音与导航系统 ········ 168
　　6.3.1　奥迪汽车多媒体系统 ······· 168
　　6.3.2　宝马汽车多媒体系统 ······· 174
6.4　典型故障案例及分析 ············· 177
习题 ··· 183

参考文献 ··································· 184

第 1 章 汽车电路识图与分析

 本章教学目标

熟悉汽车电路图的组成、汽车电路的特点；
理解汽车电路图的识读方法；
掌握各车型电路图的识读方法与规律。

 本章教学要点

知识要点	能力要求	相关知识
汽车电路基本知识	熟悉汽车电路图的组成、汽车电路的特点	汽车电路的特点、组成
识读电路图	理解汽车电路图的识读方法	汽车电路图解析、读图要领、识图举例
各车系电路图分类与识读	分析掌握各车型电路图的识读方法与规律	汽车电路图分类、识读、分析

随着汽车工业的发展，现代汽车电气设备日益增多，汽车电路也日趋复杂。能否正确识读轿车电路图，能否结合故障进行分析并找出其特点和规律，已成为汽车检修人员能否解决电路故障的关键。本章以大众轿车电路为例，介绍如何识读整车电路图。

1.1 汽车电路基本知识

1.1.1 汽车电路的特点

1. 双电源

汽车的电源由蓄电池和发电机组成，双电源由此而来。发动机起动时，由蓄电池向起动机、点火系统、仪表等用电设备供电；发动机正常工作时，由发电机向汽车用电设备供电，同时对蓄电池进行充电；当汽车用电量增大，发电机供电不足时，蓄电池参与供电。由此可见，两者成并联且互补，可有效保证用电设备在不同的工况下都能正常工作。

2. 直流低压供电

为了简化结构和保证安全，汽车电气设备都是采用低压直流供电的。汽车电气系统标准电压有 12V 与 24V 两种，目前汽油车普遍采用 12V，而重型柴油车一般采用 24V。标准电压为 12V 的系统工作电压一般为 14V 左右，标准电压为 24V 的系统工作电压一般为 28V 左右（工作电压由发电机提供）。

3. 电源负极搭铁

我国国家标准规定了汽车电气电路为负极搭铁（国际上也规定负极搭铁）。所谓负极搭铁就是将蓄电池的负极与发动机或底盘等金属体用电缆线连接。搭铁点分布在汽车全身，它的好处是：节省导线，减轻自重；有利于火花塞点火；对轿车车架和车身均不易腐蚀，而且轿车电器对无线电设备的干扰小，如图 1.1 所示。

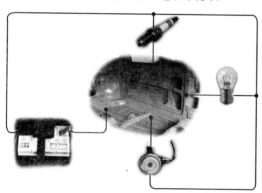

图 1.1 轿车电路的特点

4. 单线并联制

汽车电路中，单线制指从电源到用电设备只用一根导线连接，利用发动机和底盘等金属机体作为另一根公用导线。采用单线制不仅可以节省导线，使电路简化，而且便于安装、检修，还使故障率大大降低。所以现代汽车普遍采用单线制，但在特殊情况下，有时也需采用双线制。

轿车上的各种电气设备都采用并联方式与电源连接。每个电气设备都由串联在其各自支路中的专用开关控制，互不干扰，如图 1.1 所示。

5. 系统电路各自独立

汽车电路由各自独立的系统组成，如电源系统、起动系统、点火系统、照明系统、信号系统和仪表系统等。

1.1.2 汽车电路的组成

如图1.2所示,任何一个完整的汽车电路都是由电源、熔断器、电器开关、用电设备、导线和插接器等组成的。

1. 电源

汽车电路要正常工作,必须具备良好的电源。汽车电路的电源按其功能一般分为常电源和条件电源。

(1) 30号线。从蓄电池正极引出,中间不经过任何控制开关直接连接到中央继电器盒30号接线柱或连接到起动机接线柱上的火线,是始终有规定电压的电源线,称为"常火线"。

(2) 15号线。点火开关位于ON(接通)或START(起动)

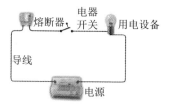

图1.2 汽车电路的组成

挡时,30号常火线经点火开关连接中央继电器盒内的15号接线柱或对点火系统、仪表系统、照明系统等小容量用电设备供电的导线,称为"钥匙门来电",是小容量火线。

(3) X线。X线是卸荷线(也称为大容量火线)。雾灯、刮水器、风窗加热等大容量用电设备用电都取自X线。只有在点火开关位于ON挡时X线才有电,而当点火开关位于ST挡起动发动机时,X线断电,使得即使驾驶人忘记关闭上述大负荷用电设备,它们也会自动断电,从而保证发动机顺利起动。

(4) 搭铁线。搭铁线也称为31号线。

汽车电路都有正极和负极。为了节约电线材料和安装方便,一般汽车电路都采用单线制,即蓄电池正极线直接与各用电设备连接,蓄电池负极线直接搭在车架金属机件上,用电设备的负极线也就近搭在车架金属机件上,利用发动机和汽车底盘(梁架)的金属体作公共通道。这种负极线与车体相连接的方式就称为搭铁,也称为接地或接铁。现在绝大多数汽车是负极搭铁。汽车上一般有两条以上主搭铁线,其中一条是蓄电池负极电线,另一条是发动机与大梁之间的搭铁线。这些搭铁线的形式与普通导线有所不同,一般是扁平的铜质或铝质编织线,电流承载量大。

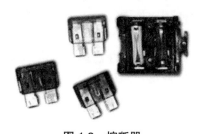

图1.3 熔断器

2. 熔断器

熔断器如图1.3所示。它在电路中起保护作用。当电路中有超过额定电流的电流流过时,熔断器的熔丝通过自身发热而熔断,从而切断电路,防止电路的连接导线和用电设备烧坏。

通常情况下,轿车是将很多熔断器组合在一起安装在熔断器盒内,并在熔断器盒盖上注明各熔断器的名称、额定容量及位置,用不同的颜色来区分熔断器的容量大小,见表1-1。

表1-1 熔断器颜色与额定电流对应表

颜色	额定电流/A	颜色	额定电流/A
绿色	30	白色	25
黄色	20	蓝色	15

续表

颜色	额定电流/A	颜色	额定电流/A
红色	10	棕色	7.5
米色	5	紫色	3

图 1.4 所示为大众轿车熔断器盒,一般安装在仪表板的一侧。由图可见,共有 44 个熔断器安装位置。熔断器 1~22 号是与电路图一一对应的,从熔断器 23 号起在电路图上需加一个数字 2 表示。例如,电路图标注的是 S228,其中,S 表示熔断器;2 表示熔断器盒第二区域;28 表示第 28 号熔断器。

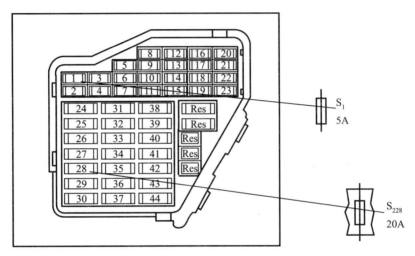

图 1.4　大众车系熔断器盒

若熔断器熔断,在维修时应注意以下几点:

(1) 只有在找到真正故障原因后,更换熔断器才能彻底排除故障。

(2) 要用与原熔断器规格相同的熔断器进行更换,不能使用比额定容量大的熔断器,否则将失去保护作用。

(3) 熔断器与支架接触不良会产生压降和发热现象,因此,要特别注意检查有无氧化现象和脏污。若有脏污和氧化物,必须用细砂纸打磨,使其接触良好。

3. 汽车电器开关

汽车电器开关是控制汽车上各种电气设备工作的开关,其控制对象不同,操作的方式也不同,主要可分为直接控制式和间接控制式两类。

1) 直接控制式

直接控制式,即开关直接控制小功率负载,如点火开关控制、转向灯控制,驻车灯控制等。

在直接控制的开关中,点火开关是汽车电路中最重要、最复杂的手动多级开关。其主要功能是:锁住转向盘转轴(LOCK 挡),接通点火仪表指示灯(ON 挡),起动(START 挡),为附件供电(ACC 挡,主要是收放机专用),如果用于柴油车则增加发动机预热功能(HEAT 挡)。其中 START、HEAT 挡因为工作电流很大,点火开关不易接通过久,所以在操作这两挡时必须用手克服弹簧力,扳住钥匙,一松手就会弹回点火挡,不能自行定位,其他挡均可自行定位。

各国、各厂家的点火开关不完全一样,下面以大众、奥迪轿车为例,说明点火开关的位置和功能。如图 1.5 所示,锁芯处于 3 个位置:1—OFF 挡;2—ON 挡;3—START 挡。相对应,汽车钥匙有四种位置:钥匙拔出;钥匙插入处于 OFF 挡;钥匙处于 ON 挡;钥匙处于 START 挡。

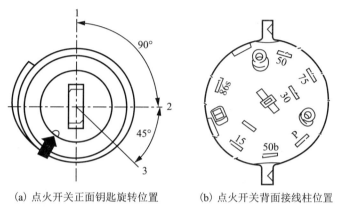

(a) 点火开关正面钥匙旋转位置　　(b) 点火开关背面接线柱位置

图 1.5　点火开关

(1) 钥匙拔出。在汽车钥匙拔出,30 号线经点火开关 P 触点向驻车灯开关(与转向开关集成在一起)供电,如图 1.6 所示,如果向左或右扳动驻车灯开关,相应的左或右驻车灯就会亮起,从而引起过往车辆和行人的注意(相关电路参见附录电路图,读者自行分析)。

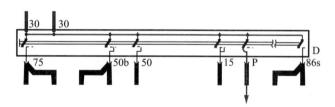

图 1.6　钥匙处于拔出位置时点火开关内部电路

(2) 钥匙处于锁芯内,处于 OFF 挡(不旋转)。钥匙放置于锁芯内,但不旋转,处于 OFF 挡。86s 触点会闭合,30 号线通过 86s 触点分别向仪表、收音机、J393(舒适控制单元)提供 12V 电压信号,如图 1.7 所示。当钥匙拔出时,86s 触点断开,切断 12V 电压,中央舒适控制单元 J393 将控制门锁开锁、收音机将自动关机等。此时,30 号线与 P 点仍然接通。

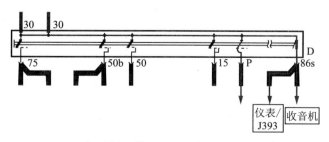

图 1.7　钥匙插入锁芯位置时点火开关内部电路

(3) 钥匙旋转，处于 ON（接通）挡。点火开关处于 ON 挡时，除 30 号线与 P 点断开，与 86s 仍然接通外。30 号线分别与 15 号接线柱和 75 号接线柱接通，因此 15 号线与 X 线得电，如图 1.8 所示。注意 X 线得电过程：当点火开关处于 ON 挡时，电流经 30 号线—75 接线柱—J59 的 86 接线柱—85 接线柱—31 号线，从而形成回路。此时，卸荷继电器 J59 两触点（30 与 87）闭合，X 线与 30 号常火线接通，如图 1.9 所示。

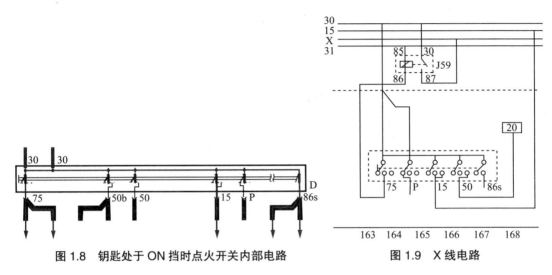

图 1.8　钥匙处于 ON 挡时点火开关内部电路　　　　图 1.9　X 线电路

(4) 钥匙旋转，处于 START（起动）挡。点火开关处于 START 挡时，30 号常火线除与 86s、15 号接线柱接通外，还与 50、50b 接线柱接通，从而控制起动机起动，如图 1.10 所示。值得注意的是，75 号接线柱与 30 号常火线此时不导通，X 线断电，使得即使在 X 线上的电器没有关掉，它们也将自动断电，从而保证发动机能顺利起动，卸荷线由此得名。

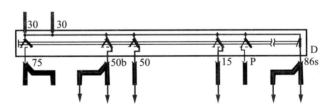

图 1.10　钥匙处于 START 挡时点火开关内部电路

2) 间接控制式

间接控制式，即开关不直接控制负载，而是控制中间继电器，然后利用中间继电器的触点去控制大功率负载，如喇叭控制、刮水器控制等。继电器如图 1.11 所示。

一般情况下，轿车上使用的操纵开关的触点容量较小，不能直接控制工作电流较大的用电设备，常采用继电器来控制它们的接通与断开。继电器属于开关的范畴。

继电器是利用电磁或机电原理或其他方法（如热电或电子），实现自动接通或切断一对或多对触点，

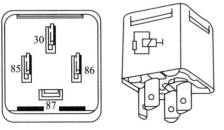

图 1.11　继电器

以完成用小电流控制大电流,以减小控制开关触点的电流负荷。轿车常见的继电器有进气预热继电器、空调继电器、喇叭继电器、雾灯继电器、中间继电器、风窗刮水器/清洗器继电器、危险报警与转向闪光继电器等。不同的继电器不能直接互换使用。

如图1.12所示为电磁继电器控制原理。该继电器共有4个接线柱,分成两对:85与86为一组,称为控制电路;30与87为一组,称为主电路。若85号接线柱搭铁,86号接线柱通过开关K接电源线30,30号接线柱接常火线30;87号接线柱接用电设备。当开关K闭合后,控制电路(85与86)导通,电磁线圈得电,产生磁性,吸引30号与87号线路之间的触点闭合,使用电设备通电工作。

汽车电器开关的类型不同,在电路图中的表示方法也不同。汽车各开关的图形符号如图1.13所示。

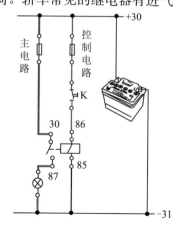

图1.12 电磁继电器控制原理

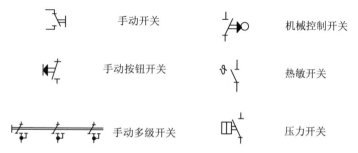

图1.13 汽车各开关的图形符号

4. 电气元件

汽车中用电的元器件称为汽车电气设备。在电路图中用各种图形符号表示汽车电气设备。图形符号是用于电气图或其他文件中的表示项目或概念的一种图形、标记或字符,是电气技术领域中最基本的工程语言。因此,为了看懂汽车电路图,须掌握并熟练地运用图形符号。常用电气设备的图形符号如图1.14所示。

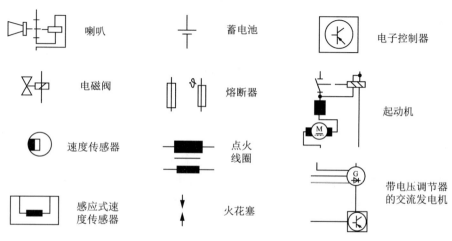

图1.14 常用汽车电气设备的图形符号

5．插接器

为了安装与维修的方便，线束与线束或导线与导线之间用插接器相互连接，常用插接器实物如图1.15所示。为了防止插接器在轿车行驶中脱开，所有的插接器均采用闭锁装置。

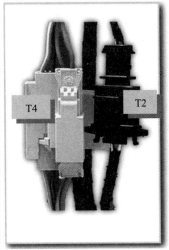

图 1.15　插接器实物

插接器结合时，应把插接器的导向槽重叠在一起，使插头与插孔对准，然后平行插入，牢固连接。要拆下插接器时，首先要解除闭锁，然后拉开插接器，不允许在未解除闭锁的情况下，用力拉导线，这样会损坏导线和插接器。

6．导线

汽车电气系统的导线有低压导线和高压导线两种。

高压导线主要用于点火线圈高压输出至各缸火花塞上的高压分线或氙气前照灯高压输出导线。

低压导线按其用途分为普通低压导线和低压电缆线两种。汽车充电系统、仪表、照明、信号及辅助电气设备均使用普通低压导线；而起动机与蓄电池的连接线、蓄电池与车身的搭铁线等则采用低压电缆线。

1.2　识读电路图

1.2.1　电路图解析

由于目前各种车型汽车的电路图尚不规范，很多检修人员对汽车的电控原理也并不熟悉，因此看懂各种车型的电路图有一定难度，下面以大众轿车电路图为例说明其识读方法。

大众轿车整个电路都是纵向排列，同一系统的电路放在一起，在电路图中所占的篇幅局限在某一范围。每一页电路图可分为三大部分，如图1.16所示。

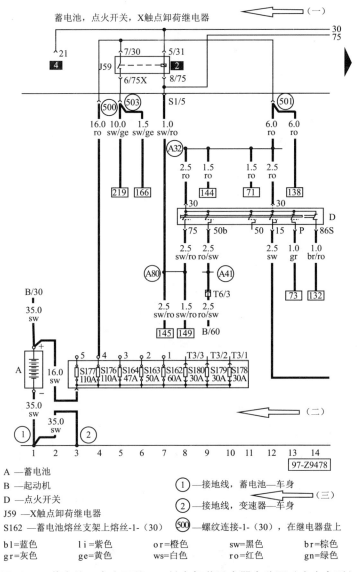

图1.16 蓄电池、点火开关、X触点卸荷继电器电路图（大众车型）

1. 标题部分

标题部分说明了该页电路的内容。读者需要查阅某系统或部件的电路图，首先要通过标题查找，如图1.16中（一）部分所示。

2. 电路图部分

汽车电路图是利用图形符号和文字符号表示汽车电路构成、连接关系和工作原理，而不考虑其实际安装位置的一种简图，如图1.16中（二）部分所示。该部分内容与标题相对应。

电路图部分由上而下又分为A、B、C三部分：A部分是中央电器盒电路（上部灰色区域电路）；B部分是车上的用电器及导线连接；C部分的横线是搭铁线，上面标有电路代码和搭铁点位置，如图1.17所示。

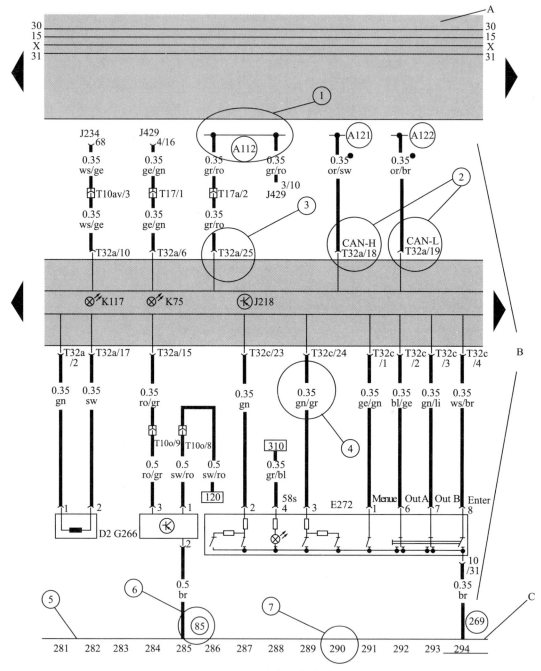

图1.17 大众轿车电路

1) 中央电器盒电路

整车电路以中央电器盒为中心,中央电器盒包含各种电源线、继电器和熔断器等,如图1.18所示。

电路图最上方灰色区域中的4条横线,其中3条是引入电器盒内不同用途的电源线,另一条是搭铁线,如图1.17中A所示,线端标号为"30"的是常火线;标号为"15"的是从点火开关15接线柱引出的供电线;标号为"X"的是卸荷线;标号为"31"的为搭铁线。

它们在电路图中用细实线画出，在实际汽车中是压装在中央电器盒内的成型铜片，它们的输入或输出导线通过螺母固定在中央电器盒下方的接线柱上，如图1.18所示。

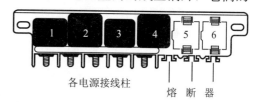

图1.18 中央电器盒

中央电器盒正面位置安装的是各种继电器，电路图中它在灰色区域中间位置，图1.19中①所示就是一继电器电路，在该继电器的右侧有一个小黑方框，小黑方框内有数字，其内所标数字表示该继电器插接在中央电器盒面板上的位置。例如，内标数字"2"，表示该继电器插在中央电器盒的第2号位置上，如图1.19中②所示。在"2"下方的"J59"，表示该继电器的名称或功能（可查找图注）。

继电器插脚与中央电器盒插孔的配合用分数形式标明。例如，2号继电器有4个插脚，在电路图上标有"5/86""6/87""7/30""8/85"，其中分子"5""6""7""8"是指中央电器盒面板上第2号位置上相应的4个插孔，在中央电器盒面板上显示；分母"86""87""30""85"是指该继电器上4个插脚标号，在继电器的插脚旁显示。注意，电路图中分子和分母是一一对应的关系。

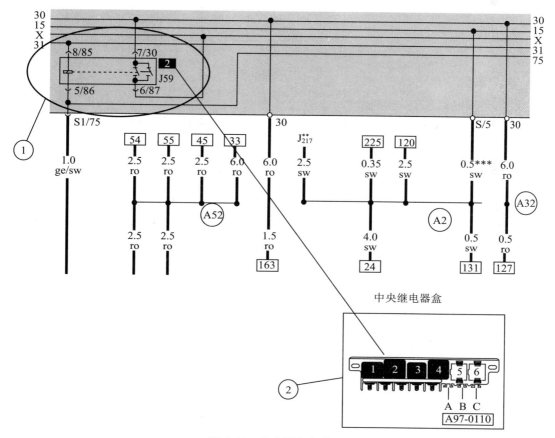

图1.19 大众轿车电路图

中央电器盒的进、出导线大都集中在该盒的背面。因此，背面有各种形式组合插头与各线束插座配对，每一个组合插头都有一个英文字母作为它的代号，如图1.20所示。所有中央电器盒的进、出导线都能在灰色区域内最下方的横线（从上往下数第5条横线）上反映出来。如图1.19所示的"S/5"，其中"S"表示标有字母S的插头，"5"表示该插接器连接的导线在5号插孔。在同一线束里，所有导线在同一英文字母下被编成从"1"开始的不同序号，如D2、D5、D8分别表示插接器D的2号、5号、8号插孔，而且凡是接点标有同一代号的所有导线都在车上的同一线束内，这也为实际工作中查找线路提供了方便。

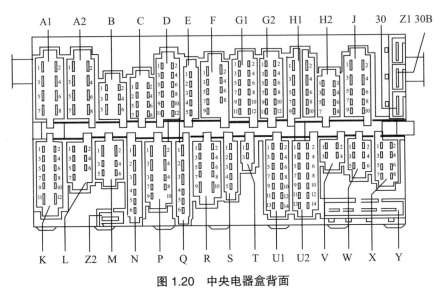

图1.20 中央电器盒背面

2）汽车用电器及连线电路

图1.17中B所示部分是实际车身电器和连接线。它利用图形符号和文字符号在电路图上表示汽车电路构成、连接关系和工作原理。

电气元件在电路图中是主体。电气元件在图中用框图辅以相应的标号表示。每一个电气元件都有一个代号，元件的接线点用标号标出，标号在元件上可以找到。例如，图1.16中，起动机用B表示且有两个接点，一个标号30，一个标号50。

电路中连线分为外线和内线。外线部分在图上以粗实线画出，内线部分在图上以细实线画出。汽车电气元件和开关总成等内部结构在电路图中属于内线部分，这部分连接是存在的，但线路是不存在的，标示出来只是为了说明这种连接关系，同时也使电路图更容易理解，如图1.16所示的交流发电机C、起动机B等。

外线部分每条线上都标注了导线颜色和截面积，线端有接线柱或插口标示其连接关系。导线颜色标记用字母表示：白色用ws表示，黑色用sw表示，棕色用br表示，红色用ro表示，绿色用gn表示，蓝色用bl表示，灰色用gr表示，紫色用li表示，黄色用ge表示。如果导线是双色的，则以两种颜色的字母共同标记，当中用"/"隔开。大众车系电路图中，导线颜色存在一定的规律：红色多为电源线；棕色为搭铁线；白黄色用于控制灯；蓝色多用于指示灯或传感器，全绿或绿黑多用于脉冲式电器等。导线截面积用数字标示在导线颜色上方，单位是mm^2。例如，图1.17中④部分导线颜色是绿灰色，导线的截面积是$0.35\ mm^2$。

线路中的连接插头统一用字母T作代号，后面的数字表示该插头的孔数及连接导线对应的孔的序号。例如，图1.17中③所示T32a/25表示该插头共有32个插孔位置，连接导线对应的插孔序号为25，a表示该元件上32孔的插头不止一个，因此用后缀a、b、c加以区分。

值得注意的是，图 1.17 中①部分，几根粗导线用一根细实线连接，显然是不合理的，其实细实线部分也是不存在的；A112 是几根导线不可拆卸的汇集点，为了使电路图美观和查找方便，而采用此方法处理。

3) 电路图最底部横线——搭铁线

电路图底部横线表示搭铁线，导线搭铁端标注有带圈的数字代号，如图 1.17 中⑥所示，各代号的搭铁部位可查看该页的图注。

在横线的下方是连续制图和识图的标记号，称为电路代码，数字的大小没有实际的意义，但它有两个作用：①每一个代码都与一个纵向电路相对应，连续的电路代码对应汽车某一整个系统电路内容；②电路代码便于反映在一部分电路图中难以表达的接续部分，如图 1.17 中⑦所示。

对于一些线路比较复杂的设备如前照灯，它工作时要涉及点火开关、灯光开关和变光开关等配电设备，而这3个开关不在同一条纵线上，若按传统画法，必定要画一些横线将它们连接起来，这样图上就会出现较多横线，增加读图难度。为此，大众轿车电路图采用"断线留号法"来续接电路。例如，图 1.21 所示的喇叭电源电路并不完整，在上半段电路有一小方框，内标"16"的地方被终止。而该 16 该纵向方向下所对应的电路代码为 190。如何找到喇叭电源？先找到电路代码 16 的电路图，在 16 上方所对应的纵向电路，可发现 190，如图 1.22 所示。只要把两个方框合并，就等于把电路连接在一起，这种方法称为"交叉查找合并法"，如图 1.23 所示。沿着 190 向上经过熔断器 S240 到电源线 a，接着找上一页电路，发现同样出现一根标有 a 的电源线，如图 1.24 所示，两根 a 线实际是同一根导线。顺着该线继续查找，发现该线与蓄电池正极相连，因此不难判断喇叭主电路供电为常火线 30。

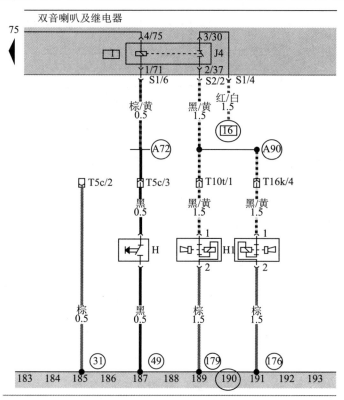

图 1.21　大众轿车喇叭电路一

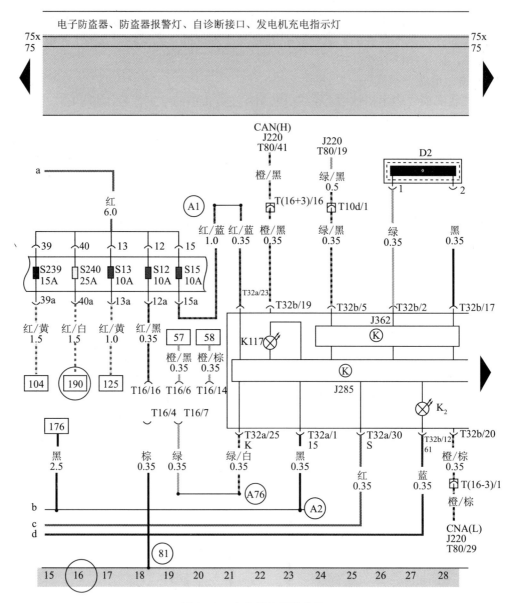

图1.22 大众轿车喇叭电路二

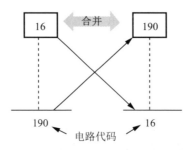

图1.23 交叉查找合并法示意图

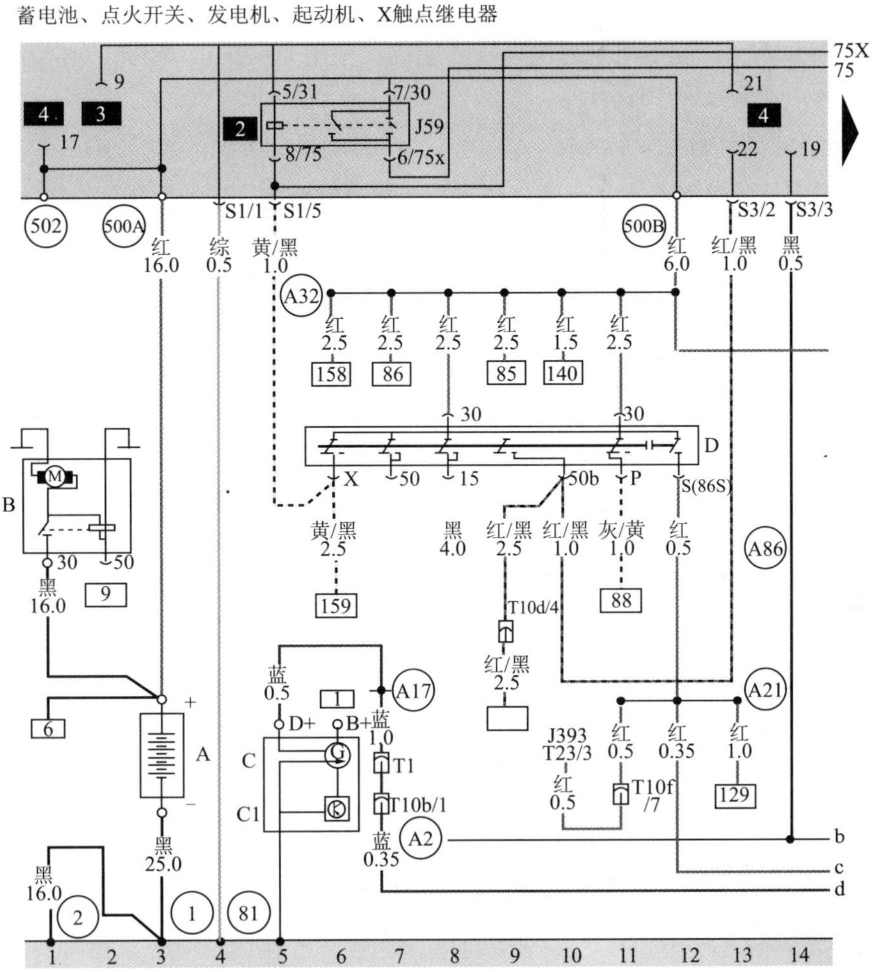

图 1.24　大众轿车喇叭电路三

3. 图注部分

图注是对本页电路中出现的电气元件、插头、搭铁点、导线的汇集点等进行必要的解释，方便检修人员查找电路、理解电路，如图 1.16 中（三）所示（有的图注在电路图的右侧）。

1.2.2　读图要领

弄清了大众轿车电路图的识读方法，还要掌握电路图的读图要领。

1. 读懂图注

图注是对汽车电气设备及插头、搭铁点、导线的汇集点等进行必要的说明，通过读图注可以初步了解该汽车都装配了哪些电气设备。然后通过电气设备的电路代码在电路图中找出该电气设备；再进一步找出相互连线、控制关系，从而了解绝大部分电路的特点和构成。

2. 熟记电器图形、电路标记符号

为了便于绘制和识读汽车电气电路图，每一电气元件都有一电气图形符号代替，并且

电气元件的接线柱都赋予不同的标志代号。例如，电源端接线柱用 B+ 表示，接至各种灯具的接线柱用 L 表示，发电机励磁电压输入端接线柱用 D+ 表示。因此，必须牢记电气图形符号的含义，才能看懂电路图。

3. 根据"回路原则"分析电路

任何一个完整的电路必须从电源正极出发，经过熔断器、开关、导线等到达用电设备，再经过导线回到电源负极，才能构成回路，这样的电路才是正确的。否则，就是读错了或查错了。具体方法：可以沿着电路电流的流向，通常由电源正极出发，顺藤摸瓜查到用电设备、开关等，回到电源负极。也可从要查找的用电设备开始，分为两路：一路逆着电路电流的方向，经熔断器、开关等回到电源正极；一路从用电设备到电源负极（搭铁）结束。当查寻一些不太熟悉的电路时，后者比前者更为方便。

4. 化整为零

先看全车电路图，根据电路图上的电气图形符号及文字符号，首先对全车电气设备的概况做全面的了解，然后在全车电路图中把各局部电路一一框划出来。这样做的好处是在同一局部电路中，各电气设备的联系总是比较紧密的，而与其他局部电路的联系相对松散，框划出来后，比较容易看出其特点，便于进行工作原理分析和查找故障。

5. 掌握开关在电路中的作用

对多层多挡多接线柱的开关要按层、按挡位、按接线柱逐级分析其各层各挡的功能。有的用电设备受两个以上单挡开关（或继电器）的控制，有的受两个以上多挡开关的控制，故工作状态比较复杂，如间歇刮水器电路。当开关接线柱较多时，首先抓住从电源来的一两个接线柱，再逐个分析与其他各接线柱相连的用电设备处于何种挡位，从而找出控制关系。组合开关在线路图中是画在一起的，而在电路图中又按其功能画在各自的局部电路中，遇到这种情况必须仔细研究识读。

6. 掌握开关、继电器的初始状态

在电路图中，各种开关、继电器都是按初始状态画出的。如按钮未按下，开关未接通；继电器线圈未通电，其触点未闭合（常开触点）或未打开（常闭触点），这种状态称为原始状态。但在识图时，不能完全按原始状态分析，否则很难理解电路所表达的工作原理，因为大多数用电设备均通过开关、按钮、继电器触点的变化而改变回路，进而实现不同的电路功能。例如，刮水器就是通过刮水开关挡位的变化来实现间歇、低速、高速刮水功能的。

7. 掌握汽车电子控制系统的读图

要以电控系统的电子控制单元（ECU）为中心，对 ECU 的各个接脚应有大致的印象，弄清楚分为几个区域，各区接脚排列的规律；找出给 ECU 供电的电源线，注意 ECU 的供电线一般不止一条，弄清楚各电源线的供电状态（是常火线还是受开关控制的）；找出该系统的搭铁线有哪些，注意分清这些搭铁是在 ECU 内部还是在车架上，或是在总成机体上；找出哪些是系统的信号输入传感器，各传感器是否需要电源，并找出相应的电源线，该传感器在哪里搭铁；找出系统的执行器有哪些，并弄清电源供给和搭铁情况，以及 ECU 控制执行器的方式（是控制搭铁端还是控制电源端）等。

1.2.3 识图举例

上海大众帕萨特 B5 轿车蓄电池、点火开关、发电机、起动机、X 触点继电器电路如图 1.25 所示。

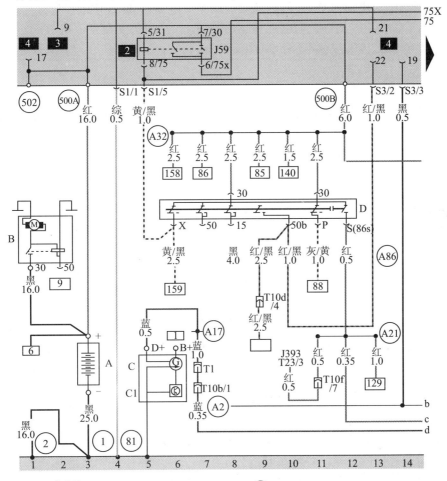

A —蓄电池
B —起动机
C —发电机
C1 —调压器
D —点火开关
J59 —X 触点继电器，在继电器板上2号位
　　　（370继电器）
J393 —舒适电子的控制单元
T1 —单针插头，蓝色，在发动机缸线体的右侧
T10b —10针插头，黑色，在发动机室控制
　　　单元防护罩内的左侧（1号位）
T10d —10针插头，棕色，在发动机室控制
　　　单元防护罩内的左侧（2号位）
T10f —10针插头，蓝色，在左A柱处（6号位）
T23 —23针插头，在舒适系统控制单元上

(A2) —正极连接在（15），在仪表板线束内
(A17) —连接线（61），在仪表板线束内
(A21) —连接线（86s），在仪表板线束内
(A32) —正极连接线（30），在仪表板线束内
(A86) —连接线（50b），在仪表板线束内
(1) —接地点，蓄电池与车身
(2) —接地点，变速器与车身
(81) —接地连接线，在仪表板线束内
(500A) —螺栓接地点1（30c火线），在继电器板上
(500B) —螺栓接地点1（30c火线），在继电器板上
(502) —螺栓接地点3（30a火线），在继电器板上

图 1.25　帕萨特 B5 轿车蓄电池、点火开关、发电机、起动机、X 触点继电器电路图

1. 蓄电池

蓄电池用 A 表示。负极搭铁用①表示搭铁点在车身上，②表示搭铁点在变速器上。这两条搭铁线较粗，截面积分别为 25.0mm² 和 16.0mm²。

蓄电池正极共分出 3 条线：一条与起动机 30 接线柱用 16.0mm² 黑线连接，向起动机供大电流；一条与中央电器盒 30 接线柱连接，向中央电器盒 30 线供电，导线为红色，截面积为 16.0mm²（后面导线的颜色与截面积不再累述）；一条与交流发电机 B+ 接线柱连接（该段导线用断线留号法来接续电路，可用交叉查找合并法来处理），蓄电池与发电机成并联电路，组成汽车双电源。

2. 起动机

起动机用 B 表示。接线柱 30 如前述，接线柱 50 的断号 9 与点火开关 50b 挡断号 2 接续（交叉查找合并法），组成起动机电磁开关控制电路。起动机转子与保持电磁线圈各自引出的导线表示自身内部搭铁。

3. 发电机

发电机用 C 表示。发电机电压调节器用 C1 表示。发电机 D+ 接线柱的蓝色导线通过一个单孔插头 T1 与一个 10 孔插头 T10 的 1 号接点连接到 d，蓝色导线 d 与下页蓝色导线 d 续接，通往仪表发电机充电指示灯。电路代码 5 表示发电机内部搭铁。

4. 点火开关

点火开关用 D 表示。它有 6 个接点。该点火开关解释在前已有说明，这里不再赘述。

1.3　各车系电路图的分类与识读

1.3.1　汽车电路图的分类及识读方法

前面所介绍的汽车电路图的表达方法仅仅是对大众车系电路图的简单归纳。目前，由于国家法规、行业标准的差异，各汽车制造公司绘制出的电路原理图风格各异，具体差别主要集中在电路符号表达、全车电路模块化处理、电路器件走线布局、图注方式及电路状态表达方式等方面。目前国内主要有以下几种典型风格的电路图。

1. 横坐标式电路图（主要以德国大众车系为主）

该模式电路图在最下端通过电路代码（编号坐标）来标注图中各线路的位置，各线路纵向平行排列，每条线路对准下框线上的一个代码。图中一般不允许横向交叉跨度较大的走线，横向连接的走线采用"断线带号法"表示，即线路断口处标注为与之相连的另一段线路所在图中的位置编号。除大众车系外，奇瑞车系也采用该方式的电路图。

2. 横、纵坐标式电路图

该模式电路图采用横、纵坐标来确定电器在电路图中的位置。下面以奔驰汽车电路图为例说明其识读方法。

1) 奔驰汽车电路图特点

(1) 采用了数字作横坐标、字母作纵坐标给电路进行定位。

(2) 电气符号用代码及文字标注。代码前部是字母，表示电器种类，如 A 为仪表，B 为传感器，G 为电容，E 为灯，F 为熔断器盒，G 为蓄电池、发电机，H 为喇叭，K 为断电器，L 为转速、速度传感器，M 为电动机，N 为电控单元，R 为电阻、火花塞，S 为开关，T 为点火线圈，W 为搭铁点，X 为插接器，Y 为电磁阀，Z 为连接套。代码后部是数字，代表编号，一般电器代码下注明电器名称。插接器（字母 X）、搭铁点（字母 W），仅有代码不注明文字。

(3) 导线的颜色符号。在早期的奔驰汽车电路图中，导线颜色符号大多采用两位大写的英文缩略语，而近些年来，广泛采用小写的德文缩略语。导线颜色代码含义见表 1-2。

表 1-2 奔驰汽车导线颜色代码含义

英文简写	颜色	色标	英文简写	颜色	色标	英文简写	颜色	色标
BK(bk)	黑色		GN(gn)	绿色		WT(wt)	白色	
BR(br)	棕色		BU(bu)	蓝色		PK(pk)	粉红色	
RD(rd)	红色		VI(vi)	紫色				
YL(yl)	黄色		GR(gr)	灰色				

除单色线外，奔驰汽车还采用了双色线及三色线，在电路图中，用 VI/YL、BK/YL、RD、BR/GN WS 等形式表示。

导线的标识，不仅仅只有线色，还有线粗。在奔驰汽车的电路图中，导线的标称截面积写在线色符号之前，如 0.75RD、2.5BR/YL 等，导线截面积单位也是 mm^2。

2) 奔驰汽车电路符号

奔驰汽车电路符号及含义见表 1-3。

表 1-3 奔驰汽车电路符号及含义

符号	符号说明	符号	符号说明
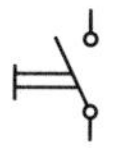	手动开关		自动开关
	手动按键开关		压簧自动开关
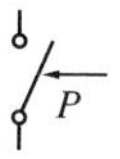	压力开关	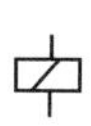	电磁线圈

续表

符号	符号说明	符号	符号说明
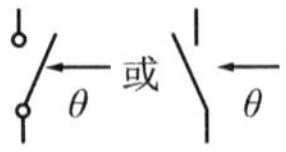	温度开关		点火线圈
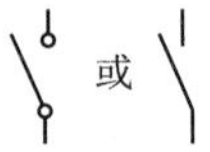	常开触点		火花塞
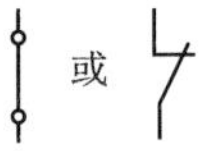	常闭触点		指示仪表
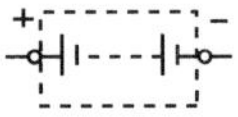	蓄电池		加热器加热电阻
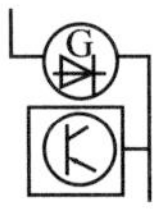	发电机		电位计
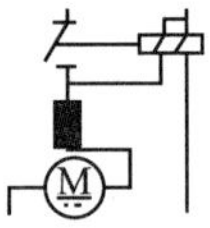	起动机		可变电阻
	直流电动机		平插头
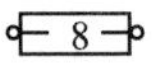	熔丝		圆插头
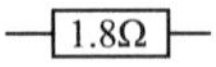	电阻		螺钉连接
	二极管		焊接点
	电子器件	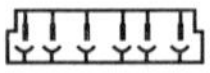	插接板
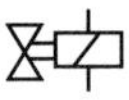	电磁阀		

3) 奔驰汽车电路图的识读

奔驰汽车电路图的识读示例如图 1.26 所示。

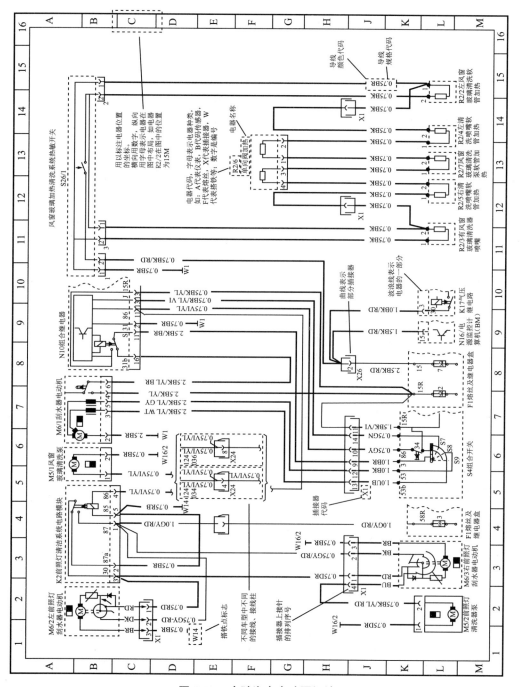

图 1.26 奔驰汽车电路图识读

3. 无标模块式电路图

目前，采用此方式绘图的汽车公司较多，如丰田、通用别克、本田、东风雪铁龙、富康、福特、宝马、三菱等。但各公司的具体电路表达方式和图形符号各有不同，读图时需参照相关电路图和图形符号列表进行。

下面以丰田汽车电路图为例说明其识读方法。

1) 丰田汽车电路特点

（1）电路图中的电气元件通常用文字直接标注。

（2）把整个电路图作为一个总图，各系统电路按横轴方向逐个布置，并在电路图上方标出各系统电路的区域和代表该电路系统的符号及文字说明。

（3）电路图中绘出了搭铁点，并标注代号与文字说明，可以从电路图中了解电路搭铁点，直观明了。

（4）电路图中，有的还直接标出电路插接器的端子排列和各端子的使用情况，给识图和电路故障查找提供了方便。

2) 丰田汽车电路符号

丰田汽车电路符号见表1-4。

表1-4 丰田汽车电路符号及说明

符号	符号说明	符号	符号说明
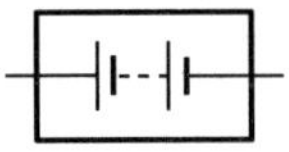	蓄电池 存储化学能并将其转化为电能。给汽车的各个电路提供直流电		搭铁 配线连接车身的点，给电路提供回路；如果没有搭铁，则电流不能流动
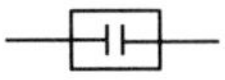	电容器 小型临时电压保持装置	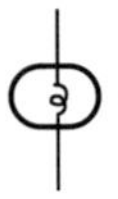 (1) 单边 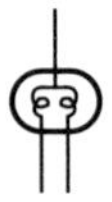 (2) 双边	前照灯 电流使前照灯灯丝加热并发光。前照灯既可以有一根灯丝(1)，也可以有两根灯丝(2)
	点烟器 电阻加热元件		喇叭 发出高频音频信号的电子设备
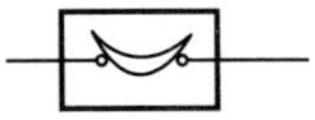	断路器 一根可再次使用的熔丝。如果流经的电流过大，断路器将变热并断开。冷却之后部分装置自动重新设定，而另一部分必须重新手动设定	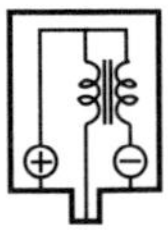	点火线圈 将低压直流电转换为点燃火花塞的高压点火电流
	二极管 仅允许电流单向流通的半导体		灯 流经灯丝的电流加热灯丝并使之发光
	二极管，稳压二极管 此二极管只在规定电压时允许电流单向流通并阻止逆向流通。超过该电压，则由其分流余压。可以起到简单调压器的作用		LED（发光二极管） 基于电流，这些二极管不同于一般的灯，它发光但不产生热量
	光敏二极管 光敏二极管是根据光线数量控制电流的半导体		模拟型仪表 电流将起动一个电磁线圈，这将导致指针的移动，从而提供一个与背景刻度相对照的相关显示

续表

符号	符号说明	符号	符号说明
	分电器，11A 将高压电流从点火线圈引到每个火花塞		**数字型仪表** 电流起动 LED、LCD 或荧光显示屏中的一个或数个，将提供相关显示或数字显示
（中等电流熔丝） （大电流熔丝）	**熔丝** 一个薄的金属片，如果流经的电流过大，则会熔断，从而切断电流来保护电路免受损坏 **熔断丝** 位于大电流电路中的粗导线，如果电负荷过大，则会熔断，从而保护电路。数字表示导线的横截面面积		**电动机** 将电能转换为机械能的电源装置，特别是对于旋转运动
（1）正常关闭 （2）正常打开	**继电器** 基本上，这是可以正常关闭（1）或打开（2）的电子操作开关。流经小线圈的电流将产生电磁场，会打开或关闭附属的开关		**扬声器** 可以根据电流产生声波的机电设备
	双投继电器 电流流经一组接电或其他组的继电器	（1）正常打开 （2）正常关闭	**手动开关** 打开或关闭电路，从而停止（1）或流通（2）电流
	电阻器 具有固定电阻的电子元件，安装在电路中来将电压降低到规定值		**双投开关** 电流持续流经一组接点或其他组的开关
	抽头电阻器 有两个或多个不同不可调电阻值的电阻器		**点火开关** 键操作开关，它有数个位置允许各个电路变为可操作，特别是初级点火电路
	滑变电阻器或可变电阻器 可调电阻比的可控电阻器。有时也将之称为电位计或变阻器		
	传感器（热敏电阻） 此电阻器可以根据温度而改变其电阻		**刮水器停止开关** 关闭刮水器开关时，此开关自动经刮水器返回到停止位置
（舌簧开关式）	**转度传感器** 此传感器使用电磁脉冲来打开和关闭产生起动其他部件的信号的开关		**晶体管** 典型的用作电子式继电器的固体电路设备；根据"基数"提供的电压切断或流通电流

续表

符号	符号说明	符号	符号说明
(短接销符号)	短接销 用于在接线盒中提供不可断的连接	(交叉配线符号) (1) 未接合 (2) 接合	配线 在电路图中，配线通常用直线表示。 在汇合处没有黑色圆点的交叉配线 (1) 没有接合。 在汇合处有黑色圆点或八角形 (○) 标记的交叉配线 (2) 接合
(电磁阀符号)	电磁阀 电磁线圈，当电流流经时，会形成一个磁场来移动活塞等		

3) 丰田汽车电路图识读

丰田汽车电路图识读示例如图1.27所示。电路图中数字是注释符号，其各部分的含义如下。

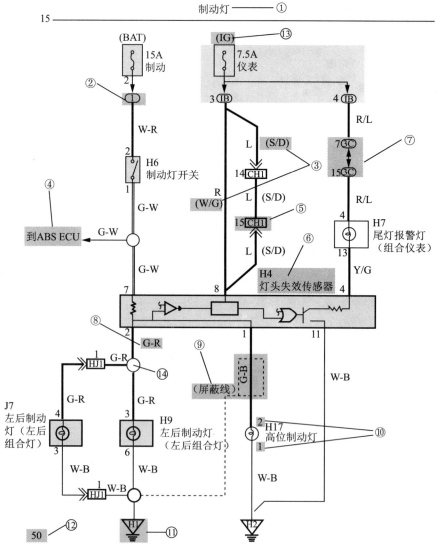

图1.27　丰田汽车电路图识读

注释标号"①"为系统标题,在电路图上方用刻线划分区域内,用文字和系统符号表示下方电路系统的名称。

注释标号"②"表示继电器盒,无阴影表示且仅显示继电器盒号来区别接线盒,图1.27中所示的 ⬚1⬚ 表示1号继电器盒。

例如:图1.28中所示的P/W继电器,椭圆中"2"表示接线盒号码,字母"G"表示插接器代码;图1.29中2、9表示插接器插销号;图1.30中1、2、3、5表示P/W继电器的插销号。

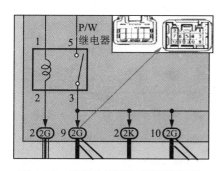 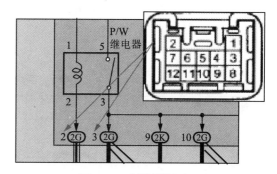

图1.28　接线盒号码和插接器代码　　　　图1.29　插接器插孔号

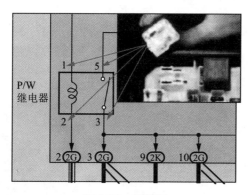

图1.30　插销号

注释标号"③"表示当车型、发动机型号与规定不一样时,用"( )"来表示不同的线和插接器。

注释标号"④"表示相关联的系统。

注释标号"⑤"表示线束和线束插接器,如图1.31所示,使用公端子的导线束用箭头(≽)表示,外侧的数字是引脚号码。导线束和导线束插接器的第一个字母表示这部分的位置,如"E"为发动机部分;"I"为仪表板及其相关部分;"B"为车身及相关部分。当多个代码的第一个和第二个字母相同时,后跟数字(如CH1、CH2)表示相同类型的线束和线束插接器。

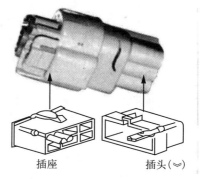

图1.31　线束插接器

注释标号"⑥"代表一个零件（全部用天蓝色表示），代码与零件位置使用的代码相同。

注释标号"⑦"表示接线盒（椭圆中的数字是J/B接线盒的代码，旁边是插接器的符号），接线盒涂阴影以清楚地区别于其他零件。

例如，图1.32中3C表示它在3号接线盒；数字7和15表示两条配线分别在插接器7号和15号接线端子上。

注释标号"⑧"表示线色，线的颜色用字母符号表示。常见字母及颜色见表1-5。当用双色线时，第一个字母表示主色，第二个字母表示辅色。例如，图1.33中，L表示蓝色，Y表示黄色，丰田车上的各种导线如图1.34所示。

图1.32 接线盒

表1-5 丰田汽车线色

代号	线色	色标	代号	线色	色标
B	黑色		BR	棕色	
G	绿色		GR	灰色	
L	蓝色		LG	淡绿色	
O	橙色		P	粉红	
R	红色		V	蓝紫色	
W	白色		Y	黄色	
SB	天蓝色				

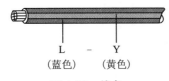

图1.33 线色

图1.34 丰田车上的各种导线

注释标号"⑨"表示屏蔽线，如图1.35所示。

注释标号"⑩"表示插接器引脚编号，插座和插头编号是不同的，编号顺序如图1.36所示。

图1.35 丰田汽车上的屏蔽线

注释标号"⑪"表示搭铁点。搭铁点把线路连接到车体或发动机上（图1.37）。表示搭铁点的字符由字母和数字两部分组成，字母表示线束，数字表示当有多个搭铁点同时存在一个线束中时，用数字以示区别。

注释标号"⑫"表示在原厂电路图中的页码。

注释标号"⑬"表示熔丝通电时的点火开关的位置。

注释标号"⑭"表示配线接点，配线接点不通过插接器直接与线路相连，如图1.38所示。

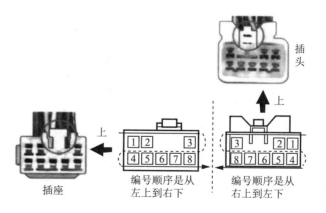

图 1.36 插接器引脚编号

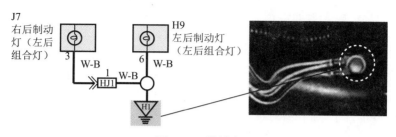

图 1.37 搭铁点

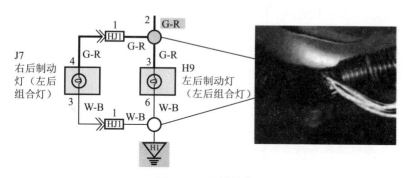

图 1.38 配线接点

1.3.2 汽车电路图的识读技巧

虽然不同汽车电路图的绘制风格各不相同,给阅读带来许多不便,但是汽车电气系统的基本工作原理是相通的。因而,阅读汽车电路图也不是毫无章法、全无规律的,仍然存在一些通用技巧和经验可以遵循。

(1) 先易后难,逐步深入。应先从比较熟悉的车型入手,可先从 EQ1090、CA1092 等一些传统汽车的电路图入手,开始读图分析,然后识读桑塔纳、捷达等车型的电路图,最后识读别克、帕萨特、雅阁等车型的电路图,这样由简到繁,整理归纳,比较提高,从而触类旁通。刚开始识读现代汽车电路图时,会碰到对一些 ECU、继电器的引脚名称和功能感到困惑的情况。此时，可暂时绕过这些与电子控制系统有关的内容，继续识读全车电路的其他电器部分。等到对这些ECU、继电器的资料收集完全后，才能理清各个引脚的电流流向，深入领会电子控制部分和传统电气部分之间的功能联系。这有助于增强我们读懂汽车电路图的信心。

（2）化整为零，化繁为简。对于仅有线路图的汽车电路图，因图上线条密集交错，易使识读分析出错，有条件的话，可尝试参考有关资料和实物把原车线路图按系统改画成不同的单元电路原理图。对于整车电路图的识读分析，也可仿照上述方法化整为零，化全车整体图为系统部分图以方便识读。对于各个系统单元电路图，同样可以采取各个击破的方法进行识读。如电子控制系统电路，就可以分成发动机电子控制系统、自动变速器电子控制系统、制动防抱死电子控制系统等电路。发动机电子控制系统电路又可以分为燃油喷射控制、点火控制、排放控制等不同电路，可逐一进行阅读分析。同时，还应注意各系统单元电路之间的相互关系和相互影响，以便合零为整。

（3）突破一点，触类旁通。在识读汽车电路图时，一定要弄懂某种型号汽车的电路结构及其原理，通过具体实例，举一反三，互相比较，以掌握汽车电路图的一些共性规律；再以这些共性为指导，了解其他型号的汽车电路，这样又可以发现更多的共性，触类旁通；同时还可以发现各种车型之间的差异。例如，掌握了解放牌汽车电路的特点，就可以大致了解东风、跃进等一批国产汽车电路的特点；掌握了日产、三菱、丰田等汽车电路，也就可以基本了解日本汽车电路的特点；掌握了桑塔纳轿车的电路，就可以进一步了解奥迪、捷达、斯柯达等德国大众公司汽车电路的特点。如此反复，不断积累，便可获得识读各种汽车电路图的能力。

（4）按车系识读汽车电路图。目前，国内汽车保有量逐年增加，品牌日趋繁多，想要识读所有车型种类的汽车电路图极不现实，也大可不必。如前所述，只要突破一两种车型，便可触类旁通。为了使有限的知识和精力能覆盖更为广阔的车型品种，应按照日、美、欧（德、法）、韩等车系合理划分，从中挑选出一两种车型作为重点掌握的对象。一般而言，建议进行如下划分：对于大众车系，可选桑塔纳、捷达、斯柯达、奥迪之一；以丰田系列作为日系车的代表（雅阁、花冠等）；以通用系列作为美系车的代表（赛欧、别克等）；以雪铁龙系列作为法国车系的代表（富康、爱丽舍等）；奔驰车系与大众车系同属德国，但自成一系，差别较大，需独立掌握。

（5）熟练掌握汽车专业英语。掌握汽车英语，可快速判定一些进口车型电路图中的接线端子上的缩略语的含义，便于全面快速地理解电器工作原理。

（6）注重资料的收集和经验的积累。由于汽车上的新的电气设备不断地出现和应用，汽车电路图的变化很大，因此，对于看不懂的电路要善于请教有关人员，还要善于查找收集相关资料，注意深入研究典型汽车电路，特别应注意实际工作经验的积累。

掌握识读汽车电路图的要领，绝不是一朝一夕就可完成的，需要踏踏实实地打好基础，熟识各类元器件、线路、接线柱标记；了解汽车电路图的表达方法和典型风格；采取科学的读图方法，认真对待读图中的注意事项；通过由简到繁、由易到难的方式识读典型车型的电路图；注重资料的收集和经验的积累，不断实践，坚持不懈，才能全面熟练地掌握识读汽车电路图这项技能。

习 题

1. 汽车电路有何特点？
2. 简述汽车电路的组成。
3. 何谓负极搭铁和正极搭铁？
4. 简述阅读汽车电路图应掌握的原则。
5. 汽车上有哪两种电源？简述各自的供电方式。
6. 大众汽车电路图除具有汽车电路的基本特点外，还具有哪些自身特点？
7. 用所学汽车电路图知识分析常见汽车电路图。

第 2 章 汽车安全气囊系统

 **本章教学目标**

熟悉汽车安全气囊结构及工作原理；
掌握汽车安全气囊常规检修方法；
了解汽车安全气囊注意事项；
理解汽车安全气囊使用期限与处置方法。

 **本章教学要点**

知识要点	能力要求	相关知识
汽车安全气囊系统结构组成	熟悉汽车安全气囊结构及工作原理	汽车安全气囊的作用、组成、工作原理与工作过程
汽车安全气囊系统维修	熟悉常规检测工具与仪器的使用，掌握安全气囊常规检修方法，了解安全气囊注意事项	安全气囊系统故障诊断方法，常规的检测工具与仪器的使用，安全气囊维修安全注意事项
汽车安全气囊系统处置	理解安全气囊使用期限与处置方法	安全气囊环保知识、系统报废后的处置
典型故障检修案例	掌握安全气囊常规检修方法和故障诊断步骤	案例分析

汽车安全、节能、环保已成为当今汽车工业乃至整个人类社会面临的三大焦点问题，汽车安全问题更是首当其冲。汽车安全有主动安全与被动安全之分。汽车主动安全性是指防止汽车发生交通事故的性能；被动安全性则是指交通事故发生时，汽车本身具有保护乘员、行人不受伤害或伤害程度减至最小的性能。当汽车发生事故时，对乘员的伤害是在瞬间发生的。例如，以车速50km/h进行正面撞车时，其发生时间只有0.1s左右。为了在这样短暂的时间防止对乘员的伤害，必须设置安全装备，目前主要有安全带、防撞式车身和安全气囊防护系统（Supplemental Inflatable Restraint System，SRS）等。安全气囊作为被动安全性的研究成果，由于使用方便、效果显著、造价不高，得到了迅速的发展和普及。

2.1 安全气囊系统概述

2.1.1 安全气囊的作用

在汽车行驶过程中，由于一些意外交通情况的出现和机械故障的发生，往往会导致交通事故。由于交通事故发生的意外性，发生时间极短，驾乘人员不可能有反应时间来主动保护自己，因此只能采用被动安全保护装置来减少事故对人体的伤害。现代汽车在驾驶人前面的转向盘中央普遍装有安全气囊，以减少汽车发生正面碰撞时由于巨大的惯性力对驾驶员所造成的伤害。有些汽车在副驾驶座前的杂物箱上端也装有安全气囊，以保护乘客免受伤害。还有些汽车同时装有侧向安全气囊，在汽车发生侧向碰撞时，能使侧向气囊充气，以减少侧向碰撞对驾乘人员的伤害。当汽车发生正面或侧向碰撞事故时，安全气囊控制系统检测到冲击力超过设定值时，安全气囊ECU立即接通充气元件中的电雷管电路，点燃电雷管内的点火介质，引燃点火药粉和气体发生剂，产生大量气体，在0.03s的时间内即将气囊充气，使气囊急剧膨胀，缓冲对驾乘人员的冲击，随后又将气囊中的气体放出。实验和实践证明，汽车装用安全气囊后，汽车发生碰撞事故对驾乘人员的伤害程度大大减小。据统计，在汽车相撞时，气囊可使乘员头部受伤率减少25%，面部受伤率减少80%左右。

2.1.2 安全气囊系统的基本组成

电子式安全气囊系统的组成部件分布在汽车的不同位置，各型汽车所采用部件的结构和数量有所不同，但其基本组成和工作原理大致相同。安全气囊系统主要由安全气囊控制单元、碰撞传感器、执行器、主动头枕、安全带警告灯、气囊指示灯、蓄电池切断引爆装置和气囊线束插接器等部件组成，奥迪A4安全气囊系统如图2.1所示。

图2.1 奥迪A4安全气囊系统

1. 安全气囊控制单元

安全气囊控制单元是安全气囊系统的控制中心，又称为气囊电脑，其功能是接收传感器输入的信号，判断是否启动安全气囊系统。安全气囊控制单元由稳压电路、备用电源电路、系统侦测电路、点火控制和驱动电路、触发传感器、记忆电路和故障自诊断电路等部分组成。

图 2.2　安全气囊控制单元

安全气囊控制单元（图 2.2）是气囊系统的核心部件，大多安装在驾驶舱内中央控制台下面。气囊爆炸后，在安全气囊控制单元中会存储碰撞数据和故障码，这些故障码用汽车诊断仪无法清除。

安全气囊系统有两个电源，即汽车电源和备用电源，备用电源电路由电源控制电路和若干电容器组成。当汽车发生碰撞导致蓄电池和发电机与气囊系统断开时，备用电源在一定时间内可以为安全气囊系统供电。在维修安全气囊系统时应注意备用电源的作用，在断开蓄电池电源后仍需要等待一段时间以使备用电源放电，具体等待时间请参阅相关维修手册。

2. 碰撞传感器

安全气囊碰撞传感器用来检测碰撞减速阻力、碰撞强度，作为安全气囊控制单元计算气囊是否动作的重要参数。

碰撞传感器按照结构的不同，分为机械式碰撞传感器、机电式碰撞传感器及电子式碰撞传感器。

（1）机械式碰撞传感器。比较常见的是水银开关式的，利用水银导电的特性来控制相关电路接通和切断，在早期的汽车中应用比较广泛，随着技术的发展已经被淘汰。

（2）机电式碰撞传感器。此类传感器利用机械的运动（滚动或转动）来控制电气触点动作，再由触点断开和闭合来控制气囊电路的接通和切断，常见的有滚球式碰撞传感器和偏心锤式碰撞传感器。机电式碰撞传感器也基本淘汰。

（3）电子式碰撞传感器。目前广泛应用的是电子式碰撞传感器，按照信号测量方式通常分为加速度型碰撞传感器和压力型碰撞传感器。

①加速度型碰撞传感器，既能接收车辆纵轴（X 轴）的减速信号，又能接收车辆横轴（Y 轴）的减速信号。机械加速度型碰撞传感器工作原理与电容传感器相似，如图 2.3 所示，在惯性的影响下，固定电容片固定不动，可动电容片会向相对方向移动，中间电极的距离发生变化，各自的电容也会相应减少或扩大，这种差值正是加速度变化的测算值。评估电子元件将信息转化成数字信号并向控制单元传递。

②压力型碰撞传感器，一般安装在车门装饰板中，当车门受碰撞时，车门发生变形（车门受瘪），车门内部压力短时升高，压力型碰撞传感器将压力信号传至安全气

囊控制单元，并作为侧面碰撞触发功能的识别信号。压力型碰撞传感器的结构形式如图 2.4 所示。

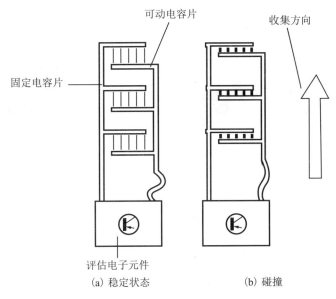

图 2.3 微型机械加速度型碰撞传感器内部原理图

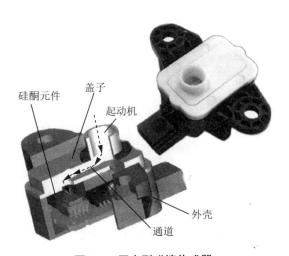

图 2.4 压力型碰撞传感器

碰撞传感器与安全气囊的对应关系。正面碰撞触发引爆正面安全气囊是安全气囊系统的基本触发功能。为了对正面碰撞进行精确测量，现代轿车不仅在安全气囊控制单元设置内部的碰撞传感器，而且在外部设有独立形式的前部碰撞传感器，如图 2.5 所示。前部碰撞传感器信号只用于触发正面安全气囊，不能触发侧面安全气囊和窗帘安全气囊。因此，当车身设有侧面安全气囊和窗帘安全气囊时，必须配置单独形式的侧面碰撞传感器（图 2.6）。侧面碰撞传感器安装在车身侧部，如座椅下方、B 柱内侧或车门内侧等部位，传感器信号只用于侧面碰撞功能触发。

图 2.5 前部碰撞传感器

图 2.6 侧面碰撞传感器

3. 执行器

安全气囊系统执行器包括安全气囊和安全带。

1）安全气囊

安全气囊系统的碰撞触发功能不同，安全气囊的类型和安装位置也不同。对于一个高级别的安全气囊系统，安全气囊组件可分为正面安全气囊、侧面防撞安全气囊、窗帘式安全气囊。

（1）正面安全气囊。正面安全气囊包含驾驶人防撞安全气囊和副驾驶防撞安全气囊。分别安装在转向盘和前排乘客侧仪表台上。由于车辆正面碰撞对驾乘人员的伤害是最大的，这两个安全气囊成为整个系统最重要的部件。只有当车辆发生正面碰撞时，正面安全气囊才会触发。正面安全气囊状态如图 2.7 所示。

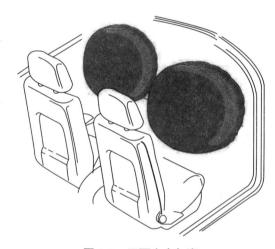

图 2.7 正面安全气囊

正面安全气囊按照不同的控制机理，分为 1 级气体发生器（1 个点火器）和 2 级气体发生器（2 个点火器）。安全气囊控制单元根据汽车的行驶速度和车辆的碰撞程度不同，控制 2 级气体发生器分两个阶段调节充气膨胀力。2 级气体发生器展开的时间有一定的间隔，一般为 5～40ms。2 次引爆推进剂，可以减少作用在驾乘人员身上的负载。车速越高，撞击程度越大，2 次引爆间隔的时间越短，充气膨胀力越大，对驾乘人员保护的效果越好，如图 2.8 所示。

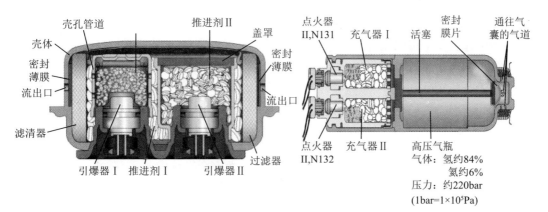

图 2.8　正面安全气囊 2 级气体发生器

（2）侧面防撞安全气囊。侧面防撞安全气囊安装在前后座椅的靠背侧面（少部分车型安装在车门内）。当汽车遭受侧面碰撞时，侧面防撞安全气囊可以对成员的整个上半身（胸部、腹部和胯部）提供保护，如图 2.9 所示。

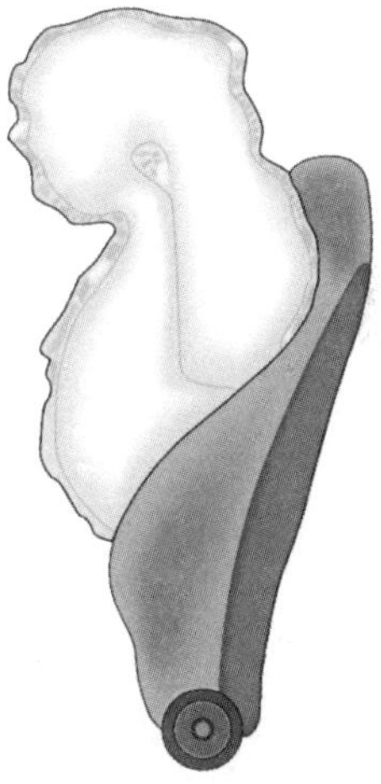

（3）窗帘式安全气囊。窗帘式安全气囊又称安全气帘，安装于车内两侧的车门上方。在车辆受到侧面碰撞时，与侧面安全气囊同时展开，对驾乘人员头部和颈部提供额外的保护。近几年，窗帘式安全气囊在汽车上大量使用，如图 2.10 所示。

（4）各气囊的组成。前面所述各气囊都是由充气装置、气囊和外壳等组成的。

① 充气装置。充气装置与气囊组合安装为一体，由气体发生剂、引爆器、过滤器和外壳等组成，如图 2.8 所示。碰撞发生后，引爆器引燃火药，产生高温，使气体发生剂迅速生成大量气体，经过滤后充入气囊，使气囊瞬间展开。气体发生器自安装之日起，有一定的使用期限，应按照安全气囊使用说明书定期更换。

图 2.9　侧面防撞安全气囊

② 气囊。气囊安装在充气装置上部，用塑料盖板护住。气囊采用尼龙制成，内层涂有聚氯丁二烯，用以密封气体。气囊静止时被折叠成包，安放在气体发生器上部和气囊饰盖之间。气囊饰盖表面模压有浅印，以便气囊充气爆开时撕裂饰盖，并减小冲出饰盖的阻力。气囊背面或顶部设置有排气孔，当驾乘人员与气囊接触后，气囊受压后便从排气孔排气。

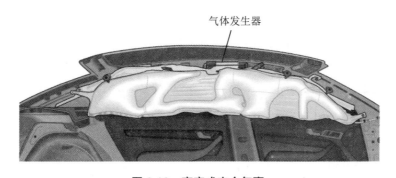

图 2.10　窗帘式安全气囊

2) 安全带

安全带包含安全带张紧器和安全带开关。

安全带及安全带张紧器是安全气囊系统的基本部件,其功能是约束乘员的身体,防止乘员在事故中受伤。安全带张紧器是根据"球-齿轮"的原理来工作的,如图2.11所示。当车辆发生意外碰撞事故时,控制单元通过引爆推进剂,钢球滚动推动齿轮,齿轮带动安全带轴回转,从而安全带反向收紧,阻止乘员向前运动,以保护驾乘人员安全。

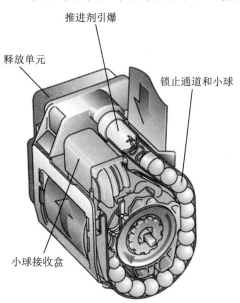

图 2.11 "球-齿轮"安全带张紧器

为实施"安全带警告"功能,安全气囊控制单元要知道驾乘人员是否系上安全带。位于安全带锁扣内的安全带开关是一种机械操作开关。控制单元通过测量电阻即可识别安全带是否系上,如图2.12所示。

4. 主动头枕

高档轿车在前座椅上使用了主动头枕。当车辆发生后部碰撞时,乘员被压在座椅靠背上,这个压力被靠背的蒙皮饰物传递到靠背中的腰部支承板。腰部支承板通过一个杠杆机构与"主动头枕"功能单元相连接,腰部支承板向后移动时,头枕就会自动向前运动,从而保护驾乘人员的头颈,如图2.13所示。

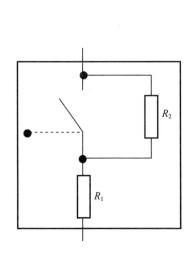

图 2.12 安全带开关

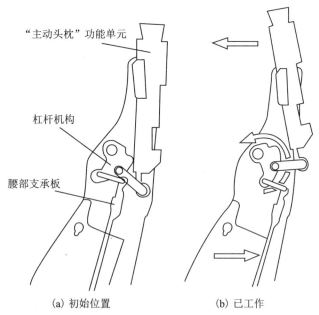

(a) 初始位置　　(b) 已工作

图 2.13 主动头枕

5. 蓄电池安全接线柱

蓄电池安全接线柱是一种引爆装置，安装在蓄电池正极处。它的功能是：在发生撞车时，切断起动机和发电机与蓄电池的连接线，以避免短路，防止车辆着火。

奥迪 A6L 蓄电池切断继电器连接线路如图 2.14 所示，触发过程由安全气囊控制单元通过③号线来控制，J655 工作引爆使触点 A 与 B 断开，触发后必须更换蓄电池切断继电器。

6. 安全带警告灯

现代轿车驾驶人和乘员座椅均有安全带警告功能。一旦打开点火开关，安全气囊控制单元通过安全带锁扣的开关内部电阻来判断驾乘人员是否系安全带。如果驾驶人未系安全带，集成在组合仪表内的安全带警告灯即亮起以示警告。若行驶速度超过 5km/h，除了视觉警告外，还发出警告声音。

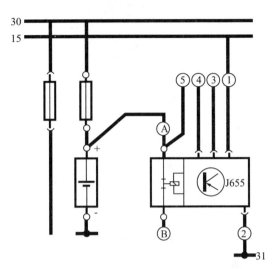

图 2.14　蓄电池切断继电器连接线路图

目前高档轿车中，前排乘客座椅大都安装有座椅占用识别系统。座椅占用识别系统的功能是识别座椅上是否有人乘坐，信号传至安全气囊控制单元，由控制单元决定在碰撞过程中是否触发与前排座椅相关的引爆装置。

座椅占用识别系统如图 2.15 所示。它由两部分元件组成：压力传感器和气垫控制单元。压力传感器的外观如同一张塑料薄膜，当作用力施加在传感器表面时，传感器的阻值会发生相应改变，因此传感器的电阻信号反映的是施加作用力的大小，而且依据作用面积的大小，可准确辨别出是否有乘员坐在座椅上，还是公文包之类的物件搁置在座椅上。气垫控制单元的功能是对压力传感器信号进行处理，将模拟信号转换成数字信号，然后传至安全气囊控制单元。

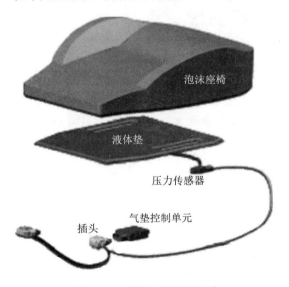

图 2.15　座椅占用识别系统

7. 气囊指示灯

气囊指示灯（图 2.16）安装在仪表板上，用于指示气囊系统功能是否处于正常状态。正常情况下，打开点火开关后，气囊指示灯应点亮几秒钟后熄灭。如果气囊指示灯不亮、一直亮或在行驶途中突然点亮，表示气囊系统有故障，应及时检修。

图 2.16 气囊指示灯

8. 安全气囊系统线束插接器及保险机构

为了便于将安全气囊系统线束与其他电气系统线束区别开，目前大多数汽车的安全气囊系统线束采用黄色插接器，如图 2.17 所示，也有的采用深蓝色或橘红色插接器。插接器采用了导电性能和耐久性能良好的镀金端子，并设计有防止气囊误爆机构，以保证气囊系统可靠工作。

图 2.17 安全气囊系统线束采用的插接器

为了保证转向盘具有足够的转动角度而又不至于损伤气囊组件的连接线束，在转向盘和转向柱之间采用了螺旋线束（图 2.18），即将线束安装在螺旋形弹簧内。在不同汽车制造厂提供的维修手册中，螺旋线束的名称各有不同，如有的称为螺旋弹簧、游丝、游丝弹簧或滑动环。

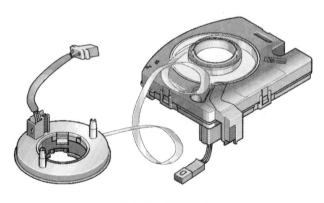

图 2.18 螺旋线束

2.1.3 安全气囊系统的工作原理

当汽车行驶中受到正面碰撞或侧面碰撞时，安全气囊系统的工作原理基本相同。现以图 2.19 所示的正面碰撞为例，说明安全气囊系统的工作原理。

当物体受到作用时间极短的力时，会因此而改变其运动状态，这种现象在物理学上叫作碰撞。

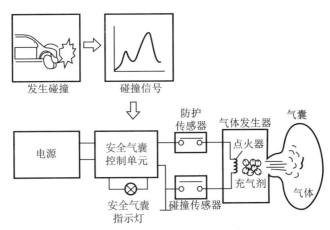

图 2.19 安全气囊的工作原理

当汽车受到前方一定角度范围内的高速碰撞时，车体会受到强烈的振动，同时车速急剧下降。安装在汽车前端的碰撞传感器和与安全气囊控制单元安装在一起的防护碰撞传感器就会检测到汽车突然减速和撞击强度的信号，当达到规定的强度时，传感器即向安全气囊的控制单元发出信号。安全气囊控制单元接收到信号后，与其原存储信号进行比较，若达到气囊的展开条件，则由驱动电路向安全气囊组件中的气体发生器送去启动信号。气体发生器接到启动信号后，引爆电雷管，引燃气体发生剂，产生大量气体，经过滤并冷却后进入安全气囊，使气囊在极短的时间内突破衬垫迅速展开，在驾驶人或乘客的前部形成弹性气垫，并及时泄漏、收缩，将人体与车内构件之间的碰撞变为弹性碰撞，通过气囊产生的变形吸收人体碰撞产生的动能，从而有效地保护人体的头部和胸部，使之免于伤害或减轻伤害程度。

2.1.4 安全气囊系统的工作过程

安全气囊系统的全部工作过程是由安全气囊控制单元的程序控制的，按照人们事先设计的工作程序和步骤逐条执行。安全气囊工作程序如图 2.20 所示。

汽车的点火开关处于 ON 挡时，安全气囊系统就开始工作。首先是安全气囊控制单元电子电路的复位，然后对系统进行自检工作，有专门的自检程序对各传感器、引爆装置、RAM、ROM、电源等部件逐个进行检查。如有故障发生，启动故障灯显示子程序，使系统警告灯点亮以提醒驾驶人注意，驾驶人可以按相应的操作程序读取故障码，查出故障部位所在。

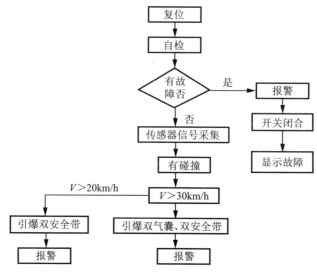

图 2.20 安全气囊工作程序

如果没有发现故障，启动传感器采集子程序，对所有的传感器进行巡回检测。如果没有发生碰撞，程序返回自检子程序。如果一直没有发生碰撞，则程序就这样循环下去。

对于两次动作安全气囊系统，当发生碰撞时，经安全气囊控制单元判别，碰撞速度小于 30km/h 时，安全气囊控制单元发出引爆双安全带收紧器的指令，点燃双安全带收紧器的点火器，拉紧双安全带，保护乘员，并发出光电指令。如果碰撞速度大于 30km/h 时，则安全气囊控制单元发出指令引爆安全带收紧器，同时引爆安全气囊点火器，使气囊展开，并发出光电报警指令；如果在较大速度碰撞后，主电源断线，电源监控器自动启动备用电源，支持整个系统工作，并使报警系统工作至备用电源耗尽。

2.2 安全气囊系统的维修

2.2.1 安全气囊系统的故障诊断方法

在实际维修工作中，应首先查看故障症状，对故障原因进行分析，确定大致的故障性质和故障区域后，再进行针对性的检修工作。这样能够准确而快速地排除故障，避免盲目地更换部件。

1. 通过安全气囊故障警告灯判断故障原因

打开点火开关或起动发动机之后，安全气囊警告灯应点亮片刻，然后熄灭，否则说明安全气囊警告灯损坏或安全气囊系统有故障。下面对常见故障原因进行分析。

（1）安全气囊警告灯一直熄灭。常见故障原因：安全气囊警告灯本身损坏或线路中断，安全气囊控制单元供电不良或搭铁回路不良，仪表板有故障或线路连接不良等。

（2）安全气囊警告灯常亮或闪烁。常见故障原因：安全气囊控制单元存储了故障码，安全气囊控制单元编码错误或没有进行功能匹配，仪表板线路接触不良，网关元件损坏等。

2. 文本故障信息

许多车型的仪表板或中央信息器设有液晶显示屏,液晶显示屏能够根据数据线和总线信息显示相关文本故障信息。结合安全气囊系统而言,液晶显示屏能够显示该系统的故障及诊断帮助信息,如安全气囊系统失效,某个或多个安全气囊断路或短路,某个或多个安全带张紧器断路或短路等。

此类文本故障信息可以作为检修工作的辅助信息,但不能作为诊断故障的全部依据。因此,还需要使用诊断仪对安全气囊系统进行自诊断,根据故障码内容对相关故障进行检修。当故障排除且故障码清除之后,液晶显示屏的文本故障信息将自动消失。

3. 通过路试判断故障原因

在维修工作中路试是必要的,因为有些工作模式只有在行驶条件下才能被启用,许多故障症状只有在车辆行驶过程中才能表现出来。结合安全气囊系统的检修工作而言,路试能够确认故障产生的条件、故障部位、故障症状及故障是否得到彻底排除。需要检查的相关问题包括多个方面,如仪表板的相关警告灯何时点亮,故障信息何时出现,故障出现时的路况、天气、温度等。

一个比较典型的例子是检修螺旋线束:间歇性线路中断问题是很难找到的,如果不满足当时的车况,故障症状往往难以表现出来,因此可以通过路试并配合转动转向盘来判断螺旋线束是否良好,特别是当大幅度转动转向盘时安全气囊警告灯异常点亮,说明螺旋线束内部的带式电缆有可能损坏,应进行更换处理。

2.2.2 常规的检测工具与仪器的使用

安全气囊系统的检修工作需要使用电气类检测工具及仪器,这些工具及仪器比较常见,操作方法简单,一般维修人员都会使用,但如果使用不当则会导致测量结果不准确、相关部件损坏甚至出现安全事故。使用检测工具及仪器时不要过于死板,很多时候需要相互配合使用,才能起到事半功倍的效果。

1. 试灯的使用技巧

试灯用于检测用电器的工作电压及工作方式。例如,试灯明亮说明电压较高,试灯暗说明电压较低,试灯亮度恒定说明工作电压为直流电压,试灯闪亮说明工作电压为脉冲电压。试灯最突出的优点是操作简单,测量结果直观,能够消除虚电压现象。我们可以将车灯制成试灯,小灯灯泡可以制成小功率试灯(5W 左右),前照灯或雾灯灯泡可以制成大功率试灯(50W 左右)。

试灯的功率不同,其具体用途也不同。一般来说,小功率试灯的用途更为广泛,其原因是阻值较大,不易损坏车上的电气部件。由欧姆定律可知,小功率试灯与电磁阀的阻值大致相同,因此在许多情况下都可以使用小功率试灯替代电磁阀,然后检查工作电压是否正常,故障码是否可以清除。

一般来说,试灯不用于检测传感器的信号线及 10V 以下的电源线,这是为了防止因电流过大而损坏电气部件。但这种使用原则并不是一成不变的,而是可以灵活掌握的。例如,5W 以下的小功率试灯,由于其阻值较大而工作电流小,因此可以使用它对传感器信号线进行搭铁试验,通过故障码内容的变化来分析故障原因。再有就是可以使用小功率试灯跨接电源线和搭铁线,然后使用万用表测量电压,这样就可以消除虚电压的故障因素,使测量结果准确。需要特别注意的是,虽然可以使用小功率试灯对传感器的信号线进行搭铁试验,但绝对不要利用小功率试灯向传感器及其线路提供蓄电池电压,因为即使是串联小功率试灯之后的电流,也足以损坏芯片之类的电子元件。

2. 二极管试灯的使用技巧

在发光二极管上串联一个 500Ω 的电阻,即可制成一个二极管试灯(LED 灯)。二极管试灯的优点是测量结果直观,对测量电路干扰小,不会对电子元件造成损坏。二极管试灯也有其固有的缺点,就是无法消除虚电压现象,因此二极管试灯点亮并不能说明供电线路是良好的,只能说明有电压存在。

为了最大限度地发挥二极管试灯的作用,可以采用在线法检测相关电路,即原先的用电器仍然插接好,然后将导线的线皮刺破,接上二极管试灯,这样就能够消除虚电压现象,使测量结果准确。

3. 万用表的使用技巧

万用表是电气部件检测工作中使用频繁而且功能最多的检测仪器。常见的万用表有两种:指针式万用表和数字式万用表。指针式万用表由于操作不便且存在正、负极性的问题,在汽车维修工作中不经常使用。数字万用表功能多,操作简单,不易损坏,因此应用比较广泛。万用表有许多功能,经常用到的功能是测量电阻、电压和频率(占空比)。下面对相关注意事项进行说明。

(1) 不可使用万用表测量引爆装置的电阻,正确的方法是使用模拟电阻来替代待检的引爆装置,然后通过清除故障码来判断该引爆装置是否损坏。

(2) 在测量电压时应选择较为接近的电压挡位,以便提高测量精度。

(3) 选择正确的测量挡位。测量直流电压时要选择直流电压挡位,测量交流电压时要选择交流电压挡位,否则测量结果不正确或无法测量到电压。

(4) 为了消除虚电压现象,可以采用在线法进行测量,即不拔下用电器的线束插头,将万用表的表笔跨接在用电器的端子上,这样既不影响用电器工作,也不会产生虚电压现象,测量结果非常准确。

4. 模拟电阻的使用方法

引爆装置不可直接带电测量,在实际维修工作中,通常采用模拟电阻法来判断引爆装置的好坏。这种方法不仅操作简单、安全可靠,而且成本低,一个廉价的电阻就可解决大问题,因此建议大家经常使用。引爆装置的电阻一般为 $2\sim7\Omega$,模拟电阻的阻值最好取 $2\sim3\Omega$,这样就可以满足几乎所有车型的检测要求。

2.2.3 诊断仪的使用及检测要点

安全气囊电控系统能否正常工作,通常以安全气囊警告灯的工作状态进行判断,因此实际的维修工作往往是以自诊断方式开始的,也就是采用人工方法或仪器方法调取故障码,并根据故障码内容对相关部件及线路进行检修。目前新款车型的自诊断功能越来越完善,人工自诊断方法已逐渐淘汰,诊断仪的使用率越来越高,而且有些问题(如编程和功能匹配等)只能通过专用诊断仪解决。在使用诊断仪的过程中,还可以查看控制版本信息、数据流、执行编程（编码）、功能匹配及元件测试等，从而彻底排除故障。

1. 正确理解故障码的含义

故障码信息是人机沟通的语言，它使得电控系统的故障诊断与维修变得简单而快捷。但由维修经验可知，并不是所有的故障码都能真实地反映故障原因，盲目地根据故障码进行检修不仅难以找到故障原因，而且有可能使简单的问题复杂化，使复杂的问题变得扑朔迷离。因此，笔者认为正确理解故障码的含义是非常重要的，这也是自诊断工作的第一要素。

1) 故障码的分类

按照产生条件可以将故障码分为两类：自生性故障码和他生性故障码。自生性故障码是指故障码内容所涉及部件或相关电路导致的故障码。他生性故障码是指非故障码内容涉及部件或相关电路及非电控问题导致的故障码。在实际检修过程中，如果控制单元存储的是自生性故障码，那么故障一般可以通过换件或维修相关电路得到排除。如果控制单元存储的是他生性故障码，那么更换故障码涉及的部件或维修相关电路，不但不能排除故障，有时甚至使维修工作误入歧途。

2) 故障码的性质

按照存在形式可以将故障码分为两类：偶发性故障码和持续性故障码。偶发性故障码又称为历史故障码、记忆故障码或间歇故障码。持续性故障码又称为真实故障码或非间歇性故障码。区分偶发性故障码和持续性故障码的方法有两种：一种是根据故障码内容进行识别（内容中包括偶发性、间歇性、当前不存在或 SP 等术语）；另一种是采用清除故障码的方法进行识别，故障码清除之后重新起动车辆，若某个故障码再次出现，则说明该故障码是持续性故障码。故障码性质不同，检修方法及侧重点也不同，下面对相关问题进行说明。

(1) 偶发性故障码的检修要点。这类故障码的共同特点是相关故障当前不存在，只要进行清除，故障码及相关故障症状就会消失，但不能保证以后是否还会出现。产生偶发性故障码的原因有很多，如曾经断开过系统电源，拔插过电气部件的线束插头，信号受到干扰而产生故障记忆，其他系统故障产生的连带性故障记忆，持续性故障码产生的连带故障记忆等。

偶发性故障码有可能导致安全气囊警告灯或其他相关警告灯点亮，检修原则是先解决持续性故障码的相关问题，再处理偶发性故障码的相关问题。在清除故障码之前，应先对所有故障码进行记录，防止一旦清除后偶发性故障码不再出现，缺少诊断相关信息。在每次检修作业后，不要轻易地下结论，认为故障已彻底排除，而是应该进行试车或者在车主使用一段时间后再确认故障是否彻底排除。若故障重现，则进行相应的修理工作，直到故障彻底排除。

(2) 持续性故障码的检修要点。这类故障码的共同特点是相关故障当前存在，故障码无法清除或短时间内再次出现。辨别这类故障码的方法很简单，即清除后剩下的故障码便是持续性故障码，在故障码内容中会有非间歇性、当前存在等术语。持续性故障码会导致安全气囊警告灯或其他相关警告灯异常点亮，相关控制功能失效，因此必须予以解决，相关检修工作也是检修工作的重点。检修原则如下：根据故障码内容对相关部件及线路进行检查，视情况修理或更换性能不良或损坏的部件，在作业完成之后清除故障信息，检查故障码能否彻底清除，安全气囊警告灯及相关警告灯能否正常熄灭。

3) 故障码的语言含义

故障码的内容以文本形式出现，其中包括了故障部件、故障原因及故障性质等信息。对于某些高级汽车的安全气囊系统，故障码内容还包括产生条件、故障产生的次数、行驶里程及时间等信息。这些信息为检修工作提供了很好的辅助信息，但由于故障存储器的容量所限和专业术语的特殊性，有时候故障码的含义变得比较抽象，难以理解。

故障码的内容说明如下。

(1) 断路/对地短路。断路是指导线与控制单元断开，对地短路是指导线与车身搭铁导通或形成搭铁回路。对于信号线来说，以上这两种情况都会导致信号电压过低或没有信号电压，控制单元视这两种情况为同一类型的故障，因此在故障码中"断路/对地短路"总是一起出现的，具体检修时要视情况进行处理。如果线路检测结果是正常的，那么故障通常是部件本身损坏造成的，需进行更换处理。

(2) 断路/对正极短路。某些电气部件的信号线本身具有参考电压，当导线断路后信号电压即变为参考电压，这与正极短路所产生的信号电压极为相似（信号过高）。控制单元视这两种情况为同一类型的故障，因此在故障码中"断路/对正极短路"总是一起出现的，具体检修时则要视情况进行处理。如果线路检测结果是正常的，那么故障通常是部件本身损坏造成的，需进行更换处理。

(3) 阻值过大。与阻值相关的故障信息通常出现在执行元件或传感器的故障码内容中。阻值过大的常见原因：线路连接不良，执行元件烧损或断路，传感器断路，线路或插头接触不良等。总的来说，阻值过大可视为断路问题，在检修中可以使用相同阻值的电阻来替代电气部件，从而判断故障原因和故障部位。

(4) 阻值过小。阻值过小的常见原因：导线之间短路，部件本身烧损或短路等。总的来说，阻值过小可视为短路问题，在检修中可以使用相同阻值的电阻来替代电气部件，从而判断故障原因和故障部位。

(5) 部件未授权或配置未设定。此类故障信息通常与部件匹配或系统配置有关，涉及的部件一般是选装件，如侧面碰撞传感器等。常见故障原因：控制单元与部件不匹配，控制单元编码错误，部件本身损坏等。检修方法：检查部件和控制单元是否正常（包括外观、型号等方面），检查控制单元编码是否正确，对控制单元进行功能匹配。

(6) 前排乘客安全气囊关闭。此类故障信息表示前排乘客安全气囊被禁止触发。如果该车设有手动的前排乘客安全气囊关闭开关，那么检查该开关，并通过数据流来查找故障原因，排除故障。如果该车没有手动的前排乘客安全气囊关闭开关，那么此问题需要利用诊断仪的功能匹配菜单才能解决（如大众、奥迪车系）。按规定进行安全气囊控制单元的通道调整匹配，重新启用前排乘客安全气囊。

(7) 信号接口或数据接口异常。此类故障信息一般出现在与数据线或总线通信相关的故障码内容中。控制单元虽然设有信号接口和数据接口，但此类故障通常并不是指接口装置或线路连接不良，而是指信号或数据传输错误或中断。因此在实际检修工作中，要对故障码内容涉及的系统和控制单元进行自诊断，对功能故障进行检修。在确认功能故障已排除的情况下，检查控制单元或电子控制装置的电源线、搭铁线、数据线和总线。如果以上检查结果没有发现问题，但故障依然存在，那么更换故障码内容所涉及的控制单元或电子控制装置。

(8) 机械故障。虽然控制单元是以电信号检测方法来执行自诊断功能的，但并不等于说控制单元只能识别电气故障，不能识别机械故障。机械故障的识别方式是一种间接识别方式，如通过传感器信号对比，执行元件的作用时间、工作行程及功能之间连带关系等监测方式，控制单元能够识别出机械类故障。在实际检修工作中，应对相关部件的安装状况、外观状况、机械性能进行重点检查，必要时更换相关部件。

(9) 重量感应系统没有标定。在维修相关座椅或断电之后有可能出现此类故障信息。解决方法是利用诊断仪并按照诊断帮助信息对重量感应系统进行标定。

(10) 安全气囊控制单元存储碰撞数据或已进行展开控制。此类故障信息表示安全气囊系统已进行过碰撞触发控制，相应的碰撞数据存储在安全气囊控制单元中。此时可以使用诊断仪清除故障码，如果该故障码能够清除，那么表示安全气囊控制单元能够继续使用；如果该故障码无法清除，则必须更换安全气囊控制单元。

(11) 控制单元内部故障、存储器故障或损坏。控制单元内部故障分为两种故障类型，一种是硬件故障，另一种是软件故障。在大多数情况下，此类故障信息并不会对相关系统造成影响，而且一旦清除后很长时间不会再出现，因此不要轻易地更换控制单元。对于大众、奥迪车系，如果出现故障码 65535，那么通常表示控制单元损坏，必须进行更换处理。

如果此类故障信息无法清除，而且会导致较为明显的故障症状，那么应对控制单元的电源线、搭铁线、数据线和总线进行检查。若线路检查结果正常但故障依然存在，则更换控制单元。

(12) 控制单元编码错误。此类故障说明控制单元与车型不匹配。解决方法是重新对控制单元进行编码。如果编码不成功，那么注意检查控制单元的零件号是否正确，如果不正确，必须及时更换控制单元并再进行编码。

4) 故障码的设定条件

一个故障码的产生必须满足相关的设定条件，如时间、温度、行驶工况、工作模式、信号偏差量、监测次数等。这些设定条件以监测程序的形式存储在控制单元中，一旦满足设定条件，控制单元将记录故障码，并按照程序要求激活相关警告灯或取消某些工作模式。

理解故障码设定条件对于检修工作是非常重要的，特别是在检修一些疑难故障时应从故障码的设定条件入手，分析故障产生的机理及可能存在的故障原因，接下来的检修思路才有可能是正确的，进而准确地找到故障点，解决问题。

2. 数据流的检测要点

数据流是除故障码外最为常用的诊断信息，由于数据流的项目众多（包括传感器、执行器、系统参数、工作模式等数据），而且能够以动态形式进行显示，因此对故障检修工作帮助很大，一些疑难故障往往是通过查看数据流得到排除的。数据流虽然很有用，但有其局限性，如果相关数据运用不当，反而会使简单的问题复杂化。在实际检修工作中要注意以下问题：

(1) 在对某个部件进行诊断时，如果有真实的故障码，但观察到的数据流却是正常的，那么应该以故障码为准进行检修。在确认线路连接正常的情况下，应果断地更换故障码内容中的相关部件，不要因为数据流正常而犹豫不决。这就是说数据流只能作为一种辅助诊断依据。它并不是为故障监控而设置的,控制单元在处理数据流信息时可能会采用多种显示方式,因此我们看到的数据流虽然是动态的,但并不一定是真实的,而且有可能存在时滞性、模拟性等问题。

(2) 在没有故障码但系统工作异常的情况下,我们需要通过观察数据流来查找故障原因,这需要一些操作性技巧,否则很难从动态的数据变化中发现问题。这也说明对查看到的数据流不要盲从,而要结合其他检测方法进行验证。

(3) 由于自诊断功能所限,某些车型的控制单元只能在车辆静止或车速较低的情况下才能输出数据流,因此无法通过数据流来查找故障原因,此时可以通过台架试验或其他诊断方法对故障进行检修。

2.2.4 安全气囊控制单元的编程及匹配

早期安全气囊系统的结构和功能比较简单,一般只有正面碰撞触发功能,部件配置单一,当安全气囊系统触发之后,只需购买零件号相同的配件换上去就可以了,新的安全气囊控制单元不用进行编程或功能匹配。

随着整车网络通信技术的提高,车型更新换代的速度很快,控制功能不断增多,配件的种类也不断增加。制造厂为了节省成本,不可能为每一种车型都设计功能独特的控制单元,而是采用功能匹配的方法将同一种控制单元配置在不同的车型中,这就好比在组装计算机时,硬件组装好之后再安装软件(操作系统和驱动系统)。汽车控制单元的编程及功能匹配就相当于计算机的软件安装,只不过操作方法更为简单,但通常需要专用诊断仪才能完成。编程的目的是使新的控制单元与车型配置参数相匹配,使新的控制单元与网络系统相匹配,使网关控制模块识别到新的控制单元已装配到车辆中,并且能够正常使用。结合安全气囊系统而言,如果安全气囊控制单元没有进行编程,那么通常会出现两种问题:一是安全气囊警告灯异常点亮及相关控制功能失效;二是安全气囊控制单元或网关控制单元有可能存储编码错误或未完成编码的故障信息。车系不同,控制单元的编程方式也不同。下面对不同的编程方式进行说明。

1. 采用编码进行编程

这种编程方式的典型车系是大众、奥迪车系,在安全气囊系统的诊断菜单中设有控制单元编程的功能项目,当换上新的安全气囊控制单元后,需要按照车型的实际配置情况进行编码,否则安全气囊系统不能正常工作,安全气囊警告灯无法正常熄灭。编码一般由5位数组成,使用诊断仪输入编码,然后进行确定即可。为了确保输入的编码是正确的,最好先使用诊断仪读取原车安全气囊控制单元的编码,然后将此编码输入到新的安全气囊控制单元中。如果原车的安全气囊控制单元已损坏,无法进行通信,那么可以根据编码表输入编码数据,完成编码工作。

2. 采用底盘型号进行编程

某些车系(如宝马)的车型不是按照动力系统或车身电气配置级别进行划分的,而是按照底盘型号进行划分的,因为在汽车制造过程中,整车装备是按照底盘类型进行配置的,而且故障诊断菜单和配件选购也是以底盘型号进行分类的。

在较为早期的宝马车型中,控制单元都是按照底盘型号进行编程的,具体的操作方法:在 GTI 诊断仪的初始菜单中选择"编程/设码"项目,进入操作界面后选择车型(即底盘型号，如 E38、E39、E46、E53 等），然后选择安全气囊系统项目进行确定，GT1 诊断仪开始自动进行编程，完成后会出现编程完成的提示信息，此后重新起动车辆即可。

编程过程是由 GT1 诊断仪自动执行的，不需要人工输入或选择控制单元的控制版本、底盘号码、发动机和变速器型号等信息。这种编程方式的目的在于将新控制单元的软件信息输入到网关控制单元（如仪表板）中，激活新的控制单元的相关功能。由于网关控制单元已存储底盘型号、发动机和变速器型号等信息，因此不再需要人工输入或选择。

3．采用功能菜单进行编程

车系专用诊断仪一般都设有编程功能菜单，在具体操作过程中有的需要人工输入信息和选择配置项目，有的需要按照提示信息对列表进行选择。例如，在对奔驰车系的安全气囊控制模块进行编程时，可以按照诊断菜单的类型选择"Control module adaptations"下的"Read/change code"项目或者"Initial startup"项目，然后根据提示信息进行操作（如输入 VIN 码的后 14 位数据及选择相应的配置参数）。具体操作时需要注意以下两点：

(1) 如果不能确认车辆的实际配置形式，那么应该核对 VIN 码，然后通过查询配件资料进行确认，或者按照默认方式进行操作。

(2) 注意按照车辆实际的配置情况选择变量参数（如是否设有前排座椅安全带锁扣开关），记录所选项目和输入的相关信息，确保一旦操作失败后能够沿着功能路径将诊断仪退回到初始编程菜单中，并且能够协助查找到故障原因。

4．采用全车编程方式进行编程

对于某些新款且配置级别高的汽车，由于整车电气结构比较复杂，控制单元之间的功能关联性较为密切，因此当更换某个控制单元之后，不再采用针对控制单元的编程方式，而是采用整车编程方式进行编程。也就是说在编程过程中，包括新控制单元在内的全车所有的控制模块都进行了一次参数识别和功能匹配。

新款宝马车型即采用以上方式进行编程，在操作过程中必须使用专用诊断仪，这种编程方式对诊断仪版本和系统电压的要求较高，编程完成之后还要对某些系统进行功能匹配和初始化设定。整个操作过程下来需要较长的时间，需要注意的相关事项较多，一旦编程失败有可能造成某些控制单元功能异常或失效。因此这种编程方式比较复杂，维修人员需要具备较高的专业技能才能确保编程工作顺利完成。

5．功能匹配

功能匹配是指控制单元对传感器信号和执行器工作行程进行识别，以及与其他系统的控制单元进行参数识别，从而达到适应性匹配的目的。维修经验表明，当系统断电、更换部件或进行过机械修理之后，往往会出现功能匹配类型的故障，相关控制单元将存储故障码，仪表板会激活相关的故障警告灯或显示故障信息。此时应使用诊断仪进行自诊断，根据故障码内容确定需要功能匹配的部件，并按照提示信息进行操作。下面对这类问题进行简要说明。

(1) 对于某些新款的大众、奥迪车型，如果安全气囊系统没有进行正确匹配，那么有可能出现两方面问题：一是安全气囊系统内部的选装部件不匹配，安全气囊控制单元存储相关故障码；二是安全气囊系统与其他相关系统（如电子稳定程序控制系统）不匹配，导致相关警告灯点亮，并且产生与匹配值错误相关的故障码。此时可以使用诊断仪对安全气囊系统进行功能匹配，注意在"通道调整匹配"菜单中选择相应的组号，然后通过修改相应的匹配值来完成功能匹配工作。

（2）某些车型的前排乘客座椅上装有重量感应系统，该系统是由座椅占用识别传感器演化而来的系统，与安全气囊控制单元之间采用专用数据线进行通信。重量感应系统必须与安全气囊控制单元匹配，否则会导致安全气囊警告灯异常点亮，并产生相关故障码。

（3）在安全气囊系统中有些部件是标配部件，有些部件则是选装部件，如何识别并确认系统的配置形式，与安全气囊控制单元的编程及匹配数据有关。如果安全气囊控制单元不能正确识别系统的配置形式，那么会导致安全气囊警告灯异常点亮，甚至产生一些奇怪的故障码。此时应根据故障码内容及相关维修资料查找故障原因，必要时对安全气囊系统进行功能匹配。

2.2.5 维修安全注意事项

安全气囊系统是安全级别极高的系统，其内部设有多个引爆装置，在维修过程中不可鲁莽行事，任何不正确的维修操作都有可能导致非常严重的安全隐患，不按正确的顺序进行维修操作，还有可能使安全气囊系统意外触发，导致严重事故。因此在对该系统进行维修时，应严格按照操作规程进行，以避免不必要的麻烦和损失，相关的注意事项如下。

（1）由于安全气囊系统的故障症状难以确诊，所以故障码就成为排除故障时最重要的信息来源。因此在脱开蓄电池桩头之前，务必要检查故障码。

（2）检修工作务必在拆下蓄电池搭铁线后等待90s才能开始。这是因为安全气囊系统配有备用电源，如果检修工作在拆下蓄电池搭铁线90s内进行，有可能使安全气囊打开。

（3）即使车辆发生轻微碰撞而安全气囊未打开，也要对安全气囊传感器和气囊组件进行检查，包括安全气囊、传感器、安全带张紧器、安全气囊控制单元、电缆及插头等。

（4）在修理过程中，如果可能对碰撞传感器造成冲击，那么应先拆下传感器，再进行相应的维修作业。例如，进行电弧焊接作业时，应将安全气囊、安全带张紧器的插头脱开后，方可开始工作。

（5）安全气囊系统的部件通常不可维修，因此不要试图分解修理安全气囊控制单元、传感器、安全气囊、安全带张紧器以供重新使用，也不要使用其他车型的配件进行替代试验。如果这些部件的紧固件已经脱落或壳体、托架、插接器上有裂纹、凹陷或其他缺陷，应更换新件。

（6）不要让阳光直射安全气囊、传感器和安全带张紧器等部件，或将这些部件暴露在较热的环境中。

（7）不要试图用带电的非专用仪器检测引爆装置，否则有可能导致引爆装置误触发。

（8）安全气囊系统零部件的外表面上有说明标牌，必须遵照标牌上面的注意事项进行操作。在检修工作结束后，应检查安全气囊系统警告灯是否熄灭，系统是否能正常工作。

（9）车辆发生碰撞后，已触发的气囊、安全带张紧器及相应的传感器不得再使用，应进行更换处理。是否更换安全气囊控制单元，应按照相关维修手册说明而定。

（10）安全气囊控制单元与传感器安装方向是安全气囊系统发挥正常功能的关键，应将其按规定方向恢复到原来位置，拧紧力矩一定要符合标准。有些车辆的碰撞传感器定位螺栓是经过防锈处理的，当更换碰撞传感器时最好将定位螺栓也更换掉。

（11）多功能开关内的螺旋线束是由两个载流的弹簧组成的，切勿试图拆开修理该部件，如有故障请更换整个部件。往转向柱上安装转向盘时，要前轮回正，使转向柱和螺旋线束间的配对标记对正，而后安装。拆卸转向机构时，要将前轮回正并取下点火钥匙，否则有可能损伤螺旋线束，或使气囊打开。安全气囊爆炸后，螺旋线束要更换新件。

（12）为区别于其他系统线束，安全气囊系统的配线和插接器都采用特殊的黄色，并单独套有特殊颜色的套管。大部分汽车的安全气囊系统的配线插接器中还带有短路条，拆开插接器时，短路条将气囊组件的电路短路，防止在进行气囊维护作业中误使气囊打开。因此在检修安全气囊系统时，不但要注意不能损坏插接器中的短路条，而且需注意不要让油、水、酸、碱浸入。

（13）手持安全气囊时，不要使气囊和盖朝向身体，放置于工作台或其他表面时，要使装饰面朝上；展开安全气囊时，需戴手套和防护眼镜。因为安全气囊内表面可能残留氢氧化钠，若接触到皮肤可用冷水冲洗。

（14）如果需要更换相关引爆装置或者车辆报废时，应使用专用工具引爆安全气囊和安全带张紧器，这项工作应在远离电场干扰的地方进行，并注意安全。

2.3 安全气囊系统的处置

当装配有安全气囊的汽车报废时，务必要按照正确的方法使气囊展开，决不要随意丢弃带有未展开安全气囊的汽车。汽车碰撞事故中已经展开的安全气囊，也要按照安全气囊的回收与环保要求进行。

1. 安全气囊处置注意事项

（1）安全气囊展开时会发出相当大的爆炸声，所以操作必须在户外并且不会给附近的居民区造成危害的地方进行。

（2）在展开安全气囊时，一定要用规定的维修专用工具，操作要在远离电场干扰的地方进行。

（3）展开安全气囊时，要在离转向盘衬垫至少 10m 的地方进行。

（4）在安全气囊展开时转向盘衬垫会变得很热，所以在展开之后 30min 内不要触摸它。

（5）在处理带有已展开安全气囊的转向盘衬垫时，要戴上手套和防护眼镜。

（6）操作结束以后，一定要用清水洗手。

（7）不要往已展开安全气囊的转向盘衬垫上淋水或使它与其他液体接触。

2. 安全气囊的处置

处理装有安全气囊系统的报废汽车时，需要对气囊进行人为引爆，安全气囊可以在车内引爆或车外引爆。

1）车内引爆

将车移到一个空旷的场所，打开所有车窗和车门，拆下蓄电池负极和正极连线，然后将蓄电池搬出车外，注意摘下蓄电池连线后等 30s 后再进行下一步工作。拆下控制台总成，拆开安全气囊中心传感器总成的插接器，拆开螺旋线束的配线插接器，在气囊点火器端子各接一条 10m 长的电线，按图 2.21 所示接好引爆专用工具。按下起爆按钮，触及 12V 蓄电池的正负极，此时应能听到气囊爆炸的声音。10min 后，等气囊冷却，烟尘散尽，人再过去。

2) 车外引爆

当弃置转向盘衬垫时采用车外引爆。按维护手册的说明将转向盘衬垫拆下取出,注意拆卸转向盘衬垫时一定要在点火开关置于 LOCK 位置时,并拆下蓄电池搭铁线。将气囊饰面朝上放在一块空旷的平地上,按图 2.21(b) 所示连接线路和引爆专用工具,让在场的人员退到 10m 之外,将电线触及 12V 蓄电池的正负极,此时应能听到气囊爆炸的声音。等 10min 后,气囊冷却,烟尘散尽,人再过去。

安全气囊引爆后,在车内仪表表面会留下少量的氢氧化钠粉末等黏附物,对人的眼、鼻、喉和皮肤有刺激作用。因此,在处理已爆炸的安全气囊时,一定要戴上橡胶手套、防护眼镜,穿上长袖衣服。

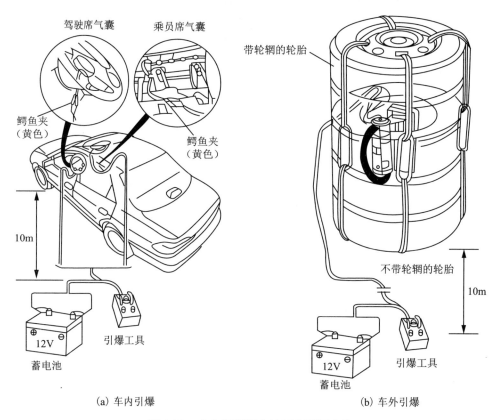

图 2.21 安全气囊报废处理的引爆方法

3. 安全气囊的回收

随着安全气囊使用量的增加,必须考虑环境保护问题,需要开发气囊的回收新技术。

1) 金属的回收

气体发生器的壳体由钢板或铝合金冲压而成,过滤装置是用金属或复合材料制成的。对气体发生器的金属的回收有两种方法:一是加热熔化,但需要事先清除化学残余物;二是综合回收,仅将这些燃烧残余物当作熔渣清除,效率较高。

2) 氢氧化钠的回收

美国的 TRW 公司发明了独特的回收技术,将氢氧化钠通过再结晶的方法回收。

3) 塑料件及气囊的回收

安全气囊系统中的所有零件几乎都为塑料件,可经粉碎、机械及化学的方法再加工而变成热塑材料的原料。而尼龙织布气囊取出后,经粉碎、加热、挤压成型等工序制成颗粒,经与纯净的树脂及添加剂混合,用于注塑成型。

在人类居住环境日益被污染的今天,要求气囊中的气体发生物质的燃烧残余物及废旧气囊系统对环境不再增加污染,安全气囊系统在生产过程中也应符合环保要求,因此不仅要采用无污染材料,而且应能回收利用。

2.4 典型故障检修案例

1. 奥迪 A6 轿车安全气囊警告灯长亮不熄

1) 故障现象

2003 年款奥迪 A6 轿车,1.8T 发动机,因肇事车身严重损伤,安全气囊爆开,修复后安全气囊警告灯长亮不熄。

2) 故障的诊断与排除

该车安全气囊系统配置 6 个安全气囊和 4 个爆燃式安全带张紧器。6 个安全气囊分别处于转向盘处、前乘客仪表板处、驾驶人座椅外侧、前乘客座椅外侧、后排座椅两侧。4 个爆燃式安全带张紧器处于主、副驾驶位和后排两乘客位置。安全带回收装置,采用的是具有内置点火器的爆燃式安全带回收装置,点火器与机械式预紧卷缩器制成一体。当发生撞车时,点火器由安全气囊控制单元发出指令并点燃火药,使安全带回卷 120mm,与气囊共同完成对驾乘人员的安全防护功能。

由于撞击力位于车辆左前方,除了前乘客座椅外侧和后排座椅右侧的两个气囊未引爆,其余均爆开。车身上的两个前座安全带张紧器起爆后安全带被绷紧,无法继续使用,根据维修手册的有关要求,连同爆开的 4 个气囊、2 个安全带张紧器、安全气囊控制单元一起应做更换处理。

另外,新购置的奥迪 A6 安全气囊控制单元均未编制代码,如果不进行编码,当打开点火开关时,仪表板上的安全气囊警告灯会一直处于点亮状态。因此,需先使用故障诊断仪对旧控制单元编码进行识别,然后将该数码输入新控制单元。奥迪 A6 其他车型的安全气囊系统配置,可参照表 2-1 进行编码。

表 2-1 奥迪 A6 轿车安全气囊控制单元编码代号

气囊数目及安装位置	安全带张紧器数目及安装位置	编码代号
2 个:转向盘及前乘客仪表板处	4 个:两个前座,两个后座	00004
4 个:转向盘及前乘客仪表板处,两个前座椅外侧	4 个:两个前座,两个后座	00204
6 个:转向盘及前乘客仪表板处,两个前座椅外侧,两个后座椅外侧	4 个:两个前座,两个后座	00104

将所有应更换的部件安装完毕,打开点火开关,对新控制单元进行编码。完成后退出系统,发现仪表板上的安全气囊指示灯依然点亮。再次读取故障码,显示故障码 00588,

表明驾驶人侧安全气囊点火器 N95 电阻太小。经分析认为，故障的可能原因有：①转向盘气囊元件总成的内阻不正确，属于元件质量问题；②外部线路存在连接问题。

取下气囊总成与转向盘之间的螺旋线束，该线束插头为 4 针形式，两条黑色线为喇叭所用，另两条黄色线为气囊总成所用，测量两条黄色线之间的阻值，为 0Ω。用针头将线束插头挑开分解，仔细检查，发现在气囊引爆时，高温及强烈振动造成线皮熔化，线头松动，导致两根气囊线头被钢质锁片短路。

更换这根专用连接线束，试车，故障排除。

3) 故障总结

通常安全气囊控制单元在车辆出厂时已经编码，维修站作为配件供应的控制单元则没有编码，因此更换安全气囊控制单元后必须借助诊断仪进行重新编码。在奥迪 A6 轿车上，由于安全系统的配置不同，控制单元的编码也不相同，所以在更换其控制单元后，必须用正确代码重新对其进行编码。螺旋线束是易损部件，当驾驶人正面气囊引爆后，应连同螺旋线束一起做更换处理。

2. 奥迪 A6 轿车安全气囊警告灯常亮

1) 故障现象

一辆配置 2.4L 电控发动机和自动变速器奥迪 A6 轿车，行驶里程为 30000km，起动发动机后，仪表板内安全气囊警告灯一直点亮。

2) 故障的诊断与排除

使用诊断仪对安全气囊系统进行自诊断，显示故障码 00589，内容为前排乘客侧安全气囊点火器 N131 电阻太大。清除故障码，但该故障码无法清除。分析故障原因，有以下几种可能：导线断路或对正短路，前排乘客侧安全气囊 N131 本身损坏，安全气囊控制单元损坏等。

本着由简到繁的原则，拆下杂物箱，拔下 N131 线束插头，接上一个 2.5Ω 的电阻，清除故障码，故障症状消失，安全气囊警告灯熄灭，系统恢复正常。

3) 故障总结

当某个气囊出现问题时，可以用厂家提供的专用检测设备替换气囊进行检查，不具备条件的厂家可以自制一个电阻器，采用模拟替代法进行故障查找，从而准确排除故障。

习 题

1. 安全气囊有哪些部件组成？
2. 简述座椅安全带对乘员的保护作用及原理。
3. 分析、比较座椅安全带和安全气囊对乘员的保护效果。
4. 简述安全气囊系统正面碰撞引爆气囊充气的条件。
5. 检查气囊组件要注意哪些事项？
6. 简述安全气囊的报废处理步骤。
7. 拓展汽车被动安全技术未来发展空间。

第 3 章 汽车空调系统

本章教学目标

掌握汽车空调的结构、组成及工作原理;
了解汽车空调的特点;
掌握汽车空调制冷系统各部件的结构及作用;
掌握自动空调控制系统的组成及工作原理;
了解汽车空调的检测及检修方法。

本章教学要点

知识要点	能力要求	相关知识
汽车空调系统概述	熟悉汽车空调系统的作用、组成,理解汽车空调系统性能评价指标	汽车空调系统的组成、分类及作用;汽车空调性能评价指标
汽车空调制冷系统的组成及工作原理	掌握汽车空调制冷系统组成及工作原理;掌握汽车空调制冷系统各部件结构及作用	汽车空调制冷系统的组成及工作原理;制冷系统主要部件的结构及工作原理
奥迪汽车空调系统介绍	掌握奥迪汽车自动空调控制系统的组成及工作原理	奥迪汽车自动空调控制系统,传感器及执行器,送风系统
汽车空调系统检修	熟悉空调检修方法及检修注意事项;掌握空调性能测试方法	空调系统常规操作,故障诊断及检修,性能测试
典型故障检修案例	掌握汽车空调常规检修方法及故障诊断步骤	案例分析

3.1 汽车空调系统概述

汽车空调即汽车室内空气调节器的简称，用以调节车内的湿度、温度、气流速度、空气洁净度，防止车窗玻璃结霜，使驾驶人保持清晰的视野等，从而为安全驾驶提供基本保证，为乘员创造清新舒适的车内环境。

1. 汽车空调系统性能评价指标

1) 温度指标

温度指标是最重要的一个指标。人感到最舒服的温度是 20～28℃，超过 28℃，人就会觉得燥热；超过 40℃，即为有害温度，会对人体健康造成损害；低于 14℃，人就会感到"冷"；当温度下降到 0℃时会造成冻伤。因此应利用空调控制车内温度夏天在 25℃左右，冬天在 18℃左右，以保证驾驶人正常操作，防止发生事故，保证乘员处于舒适的环境。

2) 湿度指标

湿度指标用相对湿度来表示。人觉得最舒适的相对湿度为 50%～70%，所以汽车空调的湿度参数要求控制在此范围内。

3) 空气的清新度

由于车内空间小，乘员密度大，在密闭空间内极易产生缺氧和二氧化碳浓度过高的情况。汽车发动机废气中的一氧化碳和道路上的粉尘，野外有毒的花粉都容易进入车厢内，造成车内空气混浊，影响人员身体健康。这样汽车空调必须具有对车内空气进行过滤的功能，以保证车内空气的清新度。

4) 除霜功能

当汽车内外温度相差太大时，会在玻璃上出现雾气，影响驾驶人视线，所以汽车空调必须具备除霜功能。

5) 操作简单、容易、稳定

汽车空调必须做到不增加驾驶人的劳动强度，不影响驾驶人的正常驾驶。

2. 汽车空调系统组成

汽车空调系统按其功能可分为制冷系统、暖风系统、通风系统、控制操纵系统和空气净化系统五个基本组成部分。

1) 制冷系统

制冷系统是对车内空气或由外部进入车厢内的新鲜空气进行冷却，实现降低车厢内温度的目的。作为冷源的蒸发器，其温度低于空气的露点温度，因此制冷系统还具有除湿的作用。

2) 暖风系统

如图 3.1 所示，轿车的暖风系统一般是将发动机的冷却液引入空调加热器中，通过鼓风机将被加热的空气吹入室内，以提高车内空气温度。同时还可以对前风窗玻璃进行除霜、除雾。

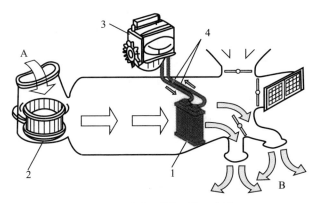

图 3.1 汽车暖风系统示意图

A—进风；B—出风；1—暖风水箱；2—鼓风机；3—发动机；4—发动机冷却液

3) 通风系统

通风一般分为自然通风和强制通风。自然通风是在汽车行驶时，根据车外所产生的风压不同，在适当的地方设进风口和出风口来实现通风换气；强制通风是利用鼓风机强制将外界空气引入车厢内，这种方式在汽车行驶时，常与自然通风一起使用。在通风系统中设置有空气处理室、送风道及翻板等部件。

4) 空气净化系统

空气净化系统一般由空气过滤器、出风口等组成，用以对引入车厢内的空气进行过滤，有些高档轿车上的空调装有负离子发生器或臭氧发生器，以消除车内异味、霉菌等，保持车内空气清洁。

5) 汽车空调自动调节、保护系统

空调系统设置有操纵机构、恒温器、膨胀阀等部件，可以使空调系统自动运行。压力开关、压缩机泄压阀、压缩机温度保护开关可以使空调在安全状态下运行。

3．汽车空调性能要求

(1) 应能尽快从炎热天气下的停车高温状态达到车内舒适的温度状态（急速降温）。

(2) 在寒冷的天气里，发动机起动后，应能尽快使车内暖和起来（急速升温）。

(3) 在平常行驶状态中，不受气象状态和行走状态的左右，能保持稳定的舒适温度。

(4) 车内的空气流动应自然、无噪声。

(5) 对发动机和燃油消耗及动力性能的影响应尽可能小。

4．汽车空调系统分类

1) 按功能分类

汽车空调系统按功能可分为单一功能式汽车空调系统和组合式汽车空调系统两种。单一功能式是指制冷、暖风各自独立，自成系统的汽车空调系统，一般用于大中型客车上。组合式是指制冷、暖风合用一个鼓风机、一套操纵机构的汽车空调系统，多用于轿车上。组合式汽车空调系统又分为制冷、暖风分别工作和制冷、暖风同时工作两种方式。

2) 按驱动方式分类

汽车空调系统按驱动方式可分为非独立式汽车空调系统和独立式汽车空调系统两种。

(1) 非独立式汽车空调系统。空调制冷压缩机由汽车本身的发动机驱动，汽车空调系统的制冷性能受汽车发动机工况的影响较大，工作稳定性较差。尤其是低速时制冷量不足，而在高速时制冷量过剩，并且消耗功率较大，影响发动机动力性能。这种类型的汽车空调系统一般用于制冷量相对较小的中小型汽车上。

（2）独立式汽车空调系统。空调制冷压缩机由专用空调发动机（也称辅助发动机）驱动，汽车空调系统制冷性能不受汽车主发动机工况影响，工作稳定，制冷量大。但由于加装了一台发动机，不仅成本增加，而且体积和质量增加。这种类型的汽车空调系统多用于大、中型客车上。

3.2 汽车空调制冷系统的组成及工作原理

3.2.1 空调制冷系统的组成

汽车空调制冷系统按照节流装置形式的不同，可分为膨胀阀式制冷系统和节流管式制冷系统。

1. 膨胀阀式制冷系统组成

典型膨胀管式制冷系统组成如图3.2所示，主要由冷凝器、压缩机、膨胀阀、蒸发器、储液干燥器等组成。

2. 节流管式制冷系统组成

典型节流管式制冷系统组成如图3.3所示，主要由压缩机、冷凝器、节流管、蒸发器等组成。

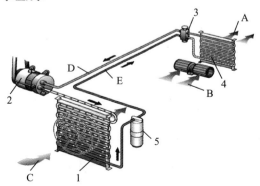

图3.2 膨胀阀式制冷系统组成示意图

1—冷凝器；2—压缩机；3—膨胀阀；4—蒸发器；
5—储液干燥器；A—冷空气；B—暖空气；
C—冷空气；D—低压侧；E—高压侧

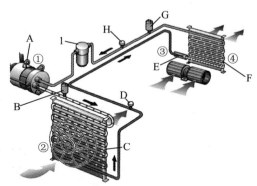

图3.3 节流管式制冷系统组成示意图

①—压缩过程；②—冷凝过程；③—膨胀过程；
④—蒸发过程；A—带有电磁离合器的压缩机；
B—低压开关；C—冷凝器；D—高压维修用接口；
E—节流管；F—蒸发器；G—低压开关；
H—低压维修用接口；I—集液器

3.2.2 空调系统的工作原理

下面以膨胀阀式制冷系统为例介绍空调系统的制冷原理。

制冷功能即吸收车内空气中所含的热量和水分。车内热量主要由外部空气、阳光、路面、乘员、发动机等几个热源点产生。

制冷循环就是利用有限的制冷剂在封闭的制冷系统中，周而复始地将制冷剂压缩、冷凝、膨胀、蒸发，在蒸发器中吸热汽化，对车厢内空气进行制冷降温。

膨胀阀式制冷系统工作原理如图 3.4 所示，制冷循环分为以下四个工作过程。

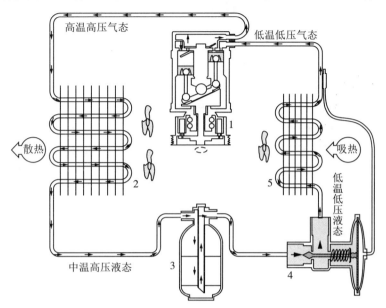

图 3.4　膨胀阀式制冷系统工作原理

1— 压缩机；2— 冷凝器；3— 储液干燥器；4— 膨胀阀；5— 蒸发器

1. 压缩过程

压缩机将蒸发器低压侧的低温低压（温度约为 0℃，气压约为 0.15MPa）气态制冷剂压缩成高温（70～80℃）、高压（1.5～1.7MPa）的气态制冷剂，这些气体与润滑油一起送往冷凝器冷却降温。

2. 冷凝过程

送往冷凝器的过热气态制冷剂，在温度高于外部温度很多时，热量释放到比制冷剂温度低的环境空气中，向外散热进行热交换，制冷剂被冷凝成中温、压力为 1.0～1.2MPa 的液态制冷剂。

3. 膨胀过程

冷凝后的液态制冷剂经过膨胀阀使制冷剂体积增大，而压力和温度急剧下降，变成低温（约为 -5℃）、低压（约为 0.15MPa）的雾状液体，以便进入蒸发器中迅速吸热蒸发。在膨胀过程中同时进行流量控制，以便供给蒸发器所需的制冷剂，从而达到控制温度的目的。

4. 蒸发过程

液态制冷剂通过膨胀阀变为低温低压的雾状液体，流经蒸发器不断吸热汽化转变成低温（约为 0℃）、低压（约为 0.15MPa）的气态制冷剂，吸收车厢内空气的热量。从蒸发器流出的气态制冷剂又被吸入压缩机，增压后泵入冷凝器冷凝，进行制冷循环。

在整个系统中，膨胀阀是控制制冷剂进入蒸发器的开关，进入蒸发器的制冷剂太多则不易蒸发，而太少冷气又会不够，因此膨胀阀是调节中枢。

3.2.3 空调制冷系统主要部件的结构及工作原理

1. 压缩机

压缩机由发动机曲轴带轮驱动，将蒸发器中因吸热而汽化的低压、低温制冷剂蒸气吸入，并将其压缩成高温、高压制冷剂气体，经高压管送入冷凝器。

汽车空调压缩机按照结构形式分为斜盘式、摆盘式滚动活塞式、螺杆式、旋片式和涡旋式等，其中斜盘式压缩机目前应用最广。斜盘式压缩机又分为定排量压缩机和变排量压缩机。

定排量压缩机的排气量随发动机转速提高而提高，不能根据制冷负荷大小自动改变排气量，对发动机油耗影响比较大。一般通过采集蒸发器出口的温度信号来控制它，当温度达到设定值时，压缩机电磁离合器分离，压缩机停止工作；当温度升高后，电磁离合器接合，压缩机再次工作。定排量压缩机也受空调制冷系统压力控制，当管路内压力过高或过低时，压缩机将停止工作。变排量压缩机可根据制冷负荷的大小自动改变输气量，使空调系统运行更加经济。

1）斜盘式定排量压缩机

斜盘式压缩机是一种轴向往复活塞式压缩机，是目前汽车空调压缩机中使用最广泛的一种。

斜盘式和摆盘式压缩机同属于轴向往复活塞式压缩机，其结构如图3.5所示。它们之间的不同是摆盘式的活塞运动属单向作用式，而斜盘式的活塞运动属双向作用式，所以有时又把它们分别称为单向斜盘式压缩机和双向斜盘式压缩机。

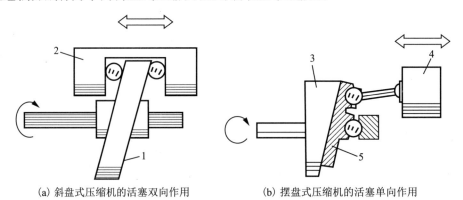

(a) 斜盘式压缩机的活塞双向作用　　　　(b) 摆盘式压缩机的活塞单向作用

图3.5 斜盘式与摆盘式压缩机原理和结构比较

1—回转斜盘；2—活塞；3—楔形传动板；4—活塞；5—摆盘

如图3.6所示，斜盘式压缩机的主要零件有缸体、前、后缸盖、前、后阀板、活塞等。斜盘固定在主轴上，钢球用滑靴和活塞的联接架固定。钢球的作用是使斜盘的旋转运动经钢球转换为活塞的直线运动时，由滑动变为滚动，这样可减少摩擦阻力和磨损，延长滑板的使用寿命。

斜盘式压缩机的润滑方式有两种：一种是采用油泵强制润滑，这种压缩机具有较大制冷量；另一种设有油池，没有油泵，依靠冷冻机油和制冷剂一起循环时在吸气腔内因压力和温度下降而分离出的冷冻机油来润滑压缩机各组件，这与摆盘式压缩机的工作原理类似。

如图3.7所示为一种斜盘式压缩机剖视图。斜盘式压缩机的工作原理：当主轴20带动斜盘转动时，斜盘便驱动活塞14做轴向移动，由于活塞在前后布置的气缸中同时做轴向运动，这相当于两个活塞在做双向运动。即当前气缸活塞向左移动时，排气阀片关闭，余隙容积（由于压缩机结构、制造、装配、运转等方面的需要，气缸中某些部位留有一定的空间或间隙，将这部分空间或间隙称为余隙容积，又称有害容积或叫存气）的气体首先膨胀，在缸内压力略小于吸气腔压力时，吸气阀片打开，低压蒸气进入气缸开始了吸气过程，一直到活塞14向左移动到终点为止；当后气缸活塞向左移动时，开始压缩过程，蒸气不断压缩，压力和温度不断上升。当压缩蒸气的压力略大于排气腔压力时，排气阀片打开，转到排气过程，一直到活塞移动到左边为止。这样斜盘每转动一周，前后两个活塞各自完成吸气、压缩、排气、膨胀过程，完成一个循环，相当于两个工作循环。这意味着如果缸体截面均布5个气缸和5个双向活塞，则主轴旋转一周，相当于10个气缸工作，所以这种压缩机称为斜盘式十缸压缩机。

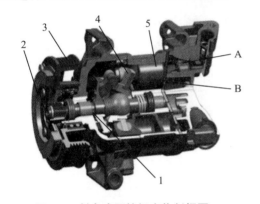

图3.6 斜盘式压缩机实物剖视图

A—吸入腔；B—排出腔；1—传动轴；
2—电磁离合器；3—带轮；4—斜盘；5—活塞

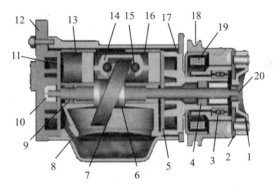

图3.7 斜盘式压缩机剖视图

1—离合器；2—套筒；3—带轮轴承；4—轴封；5—前阀板；
6、9—轴承；7—斜盘；8—吸油管；10—机油泵；11—后阀板；
12—后缸盖；13—后气缸；14—活塞；15—钢球；16—前气缸；
17—气缸盖；18—带轮；19—离合器线圈；20—主轴

由于斜盘式压缩机活塞的双向作用，因此在它的两边装有前、后阀总成，各总成上都装有吸气阀片和排气阀片，并且前、后缸盖上都有各自相通的吸气腔和排气腔，吸、排气缸用阀垫隔开。

2) 斜盘式变排量压缩机

变排量压缩机如图3.8所示，可以根据设定的温度自动调节功率输出。空调控制系统不采集蒸发器出风口的温度信号，而是根据空调管路内压力的变化信号控制压缩机的压缩比来自动调节出风口温度。在制冷全过程中，压缩机始终是工作的，制冷强度调节完全依赖装在压缩机内部的压力调节阀来控制。当空调管路内高压端的压力过高时，压力调节阀缩短压缩机内活塞行程以减小压缩比，这样就会降低制冷强度。当高压端压力下降到一定程度，低压端压力上升到一定程度时，压力调节阀则增大活塞行程以提高制冷强度。

变排量压缩机的主要优点：避免了对发动机的冲击，保持了温度的稳定及蒸发器低压的稳定，提高了压缩机的使用寿命，减少了功率消耗。

斜盘式变排量压缩机实现容量变化的形式很多，但原理均相差不大，归根结底都是采用电磁阀或机械阀来调节气缸内余隙容积大小,使排气量发生变化。从而达到调节制冷量的目的。

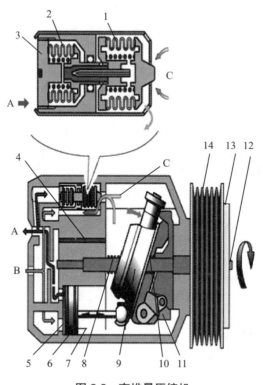

图 3.8 变排量压缩机

1、2—波纹管;3—调节阀;4—节流孔;5—活塞上侧;6—活塞;7—活塞下侧;8、10—弹簧;9—斜盘;11—驱动轴套;12—输入轴;13—电磁离合器;14—带轮;A—高压;B—低压;C—腔内压力

斜盘式变排量压缩机的工作原理:当传动轴的转动传至传动装置后,通过旋转斜盘将旋转运动转换为压缩机活塞的往复运动,旋转斜盘沿滑轨垂直运动,旋转斜盘或传动装置的角度决定活塞行程,从而决定输送流量。旋转斜盘或传动装置的角度随活塞顶部和底部的压力变化而变化。腔内压力取决于调节阀上的高低压及标定的节流孔。

当需要大排量时,压缩机吸入压力高于控制点,调节阀 3 开度增大,压缩机曲轴舱内与吸入口之间的压力差接近零,弹簧 8 伸长,弹簧 10 被压缩,使 5 个活塞斜盘倾角增大,排量也增大,制冷能力提高。反之,压缩机吸入压力低于控制点,调节阀 3 开度减小,压缩机曲轴舱内与吸入口之间的压力差增大,弹簧 10 伸长,弹簧 8 被压缩,使 5 个活塞斜盘倾角减小,排量也减小,制冷能力下降。

制冷剂流量越大,制冷效率越高(腔内压力处于低压状态),波纹管 2 被高压压缩,相对较高的低压压缩波纹管 1,调节阀开启,低压侧的腔内压力下降,柱塞顶部压力与弹簧的合力大于柱塞底部的腔内压力,斜盘倾斜角度加大,柱塞行程增长,从而增加输出流量;制冷剂流量越小,制冷效率越低(腔内压力处于高压状态),波纹管 2 扩张,相对较低的低压也使波纹管 1 扩张,调节阀关闭,在经标定的节流孔的作用下腔内压力升高,柱塞顶部的高压降低至小于柱塞底部的腔内压力,旋转斜盘倾斜角度减小,柱塞行程缩短,从而减小输出流量。

2. 冷凝器

汽车空调制冷系统中的冷凝器是一种由管子与散热片组合起来的热交换器。其作用是将压缩机排出的高温、高压制冷剂蒸气进行冷却，使其凝结为高压制冷剂液体。

汽车空调系统中的冷凝器均采用风冷式结构，如图3.9所示。其冷凝原理是，让外界空气强制通过冷凝器的散热片，将高温的制冷剂蒸气的热量带走，使之成为液态制冷剂。制冷剂蒸气所放出的热量，被周围空气带走，排到大气中。

冷凝器总是安装在车辆的前部，风扇将风吹过散热装置，以利于排出热量。

3. 蒸发器

蒸发器是一个热交换器，如图3.10所示，其作用是利用液态低温制冷剂在低压下蒸发，转变成低温的气态制冷剂，吸收周围空气中的热量达到制冷目的，同时空气中的水分湿气会凝结在蒸发器芯的外表面上形成水流出，达到干燥空气的作用。

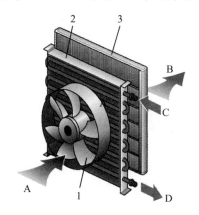

图3.9 冷凝器

A—环境空气（冷）；B—环境空气（热）；
C—气态制冷剂；D—液态制冷剂；
1—冷却风扇；2—冷凝器；3—散热器

图3.10 蒸发器

A—制冷剂出口（气态）；
B—制冷剂入口（液态，蒸汽状态）

4. 储液干燥器

储液干燥器用于膨胀阀式空调系统，安装在冷凝器出口与膨胀阀入口之间。密封的储液罐与冷凝器出口管连接，用于干燥过滤制冷剂及储存来自冷凝器的制冷剂和冷冻机油。如图3.11所示，从冷凝器出来的高温高压液体从入口进入干燥器，在干燥器内有两层过滤器，一层为粗滤，一层为细滤，这样可以防止杂质在系统内循环。干燥器中间是一层干燥剂，它可以吸收系统中的水分，经过过滤和干燥的制冷剂只能从干燥器底部出来，流到膨胀阀，这可以保证从干燥器出来的全是液体。

5. 集液器

集液器用于节流阀式空调系统，安装在蒸发器出口与压缩机入口之间。如图3.12所示，从蒸发器流出的制冷剂进入集液器，如果当中含有水分，会通过干燥器滤掉。气态制冷剂被收集到塑料盖的顶部，再通过U形管进入压缩机，以确保制冷剂吸入的全部为气态制冷剂。液态制冷剂和一部分冷冻机油收集在集液器的底部，通过下面的节流孔以蒸气形式进入压缩机。外面的滤网可以滤除制冷剂中的杂质。

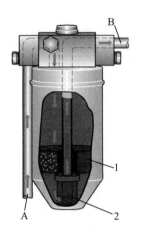
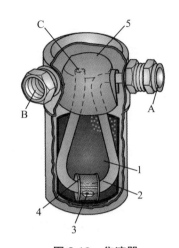

图 3.11 储液干燥器

A—自冷凝器；B—至膨胀阀；
1—干燥剂；2—过滤器

图 3.12 集液器

A—至压缩机；B—自蒸发器；C—气态制冷剂进气口；
1—干燥剂；2—U 形管；3—节流孔；
4—过滤器；5—塑料盖

6．膨胀阀

膨胀阀安装在蒸发器入口，主要有两个作用：一是节流，高温高压的液态制冷剂经过膨胀阀的节流孔节流后，成为低温低压的雾状的液态制冷剂，为制冷剂的蒸发创造条件；二是控制制冷剂流量，液态制冷剂一旦进入蒸发器后，制冷剂就会蒸发为气态，吸收热量，降低车内温度。膨胀阀通过控制制冷剂的流量，保证蒸发器的出口完全为气态制冷剂。若流量过大，则出口含有液态制冷剂，进入压缩机会产生液击；若制冷剂流量过小，则提前蒸发完毕，会造成制冷不足。

膨胀阀按照平衡方式不同，分内平衡式和外平衡式，而外平衡式膨胀阀又可分 F 形和 H 形两种结构形式。

内平衡式膨胀阀结构如图 3.13 所示。感温包内充注制冷剂，放置在蒸发器出口管道上，感温包和膜片上部通过毛细管相连，感受蒸发器出口制冷剂温度，膜片下面感受到的是蒸发器入口压力。如果空调负荷增加，液态制冷剂在蒸发器内提前蒸发完毕，则蒸发器出口制冷剂温度将升高，膜片上压力增大，推动阀杆使膨胀阀开度增大，进入到蒸发器中的制冷剂流量增加，制冷量增大；如果空调负荷减小，则蒸发器出口制冷剂温度减小，以同样的作用原理使得膨胀阀开度减小，从而控制制冷剂的流量。其工作原理如图 3.14 所示。

外平衡式膨胀阀（图 3.15）与内平衡式膨胀阀的工作原理基本相同。两者之间的区别是，外平衡式膨胀阀膜片下感受到的是蒸发器出口压力，内平衡式膨胀阀膜片下感受到的是蒸发器入口压力。其工作原理如图 3.16 所示。

H 形膨胀阀如图 3.17 所示。有 4 个接口与制冷系统连接，其中两个接口与普通热力膨胀阀相同，一个连接储液干燥器，一个连接蒸发器进口；另外两个接口，一个连接蒸发器出口，一个连接压缩机进口。感温包直接处在蒸发器出口的制冷剂气流中。该膨胀阀由于取消了 F 形膨胀阀中的感温包、毛细管和外平衡接管，提高了调节灵敏度，结构紧凑，抗振可靠。

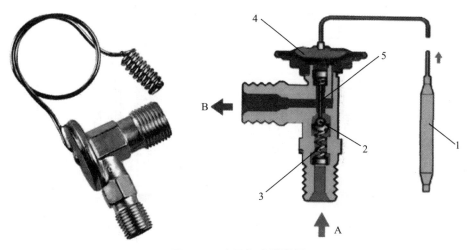

图 3.13 内平衡式膨胀阀

A—制冷剂入口；B—制冷剂出口；1—感温包；2—阀球；3—压力弹簧；4—膜片；5—推杆

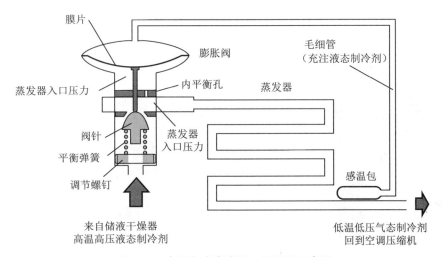

图 3.14 内平衡式膨胀阀工作原理示意图

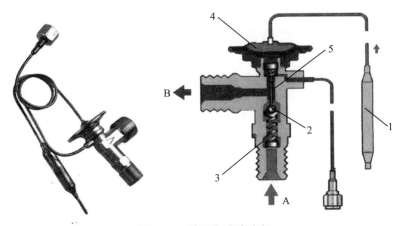

图 3.15 外平衡式膨胀阀

A—制冷剂入口；B—制冷剂出口；1—感温包；2—阀球；3—压力弹簧；4—膜片；5—推杆

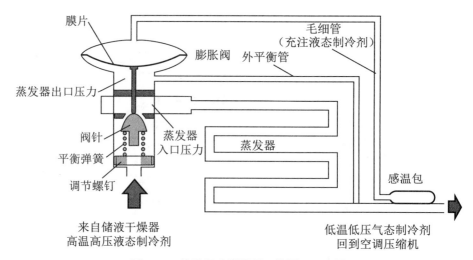

图 3.16　外平衡式膨胀阀工作原理示意图

当制冷负荷增大时,蒸发器输出端温度上升,导致感温头内气体压力(F_1)增加,膜片和推杆动作,使球阀截面增大,制冷剂流向蒸发器,并在由高压转变为低压时吸收热量。当空气流经蒸发器时,热量被吸收。当来自蒸发器出口的制冷剂温度下降时,感温头内气体压力(F_1)减小,球阀截面及流向蒸发器的制冷剂流量减小。

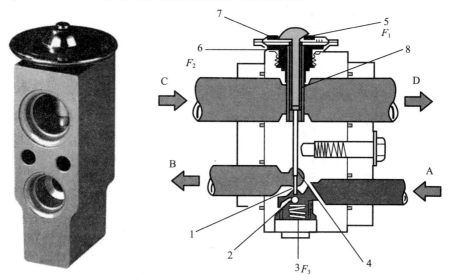

图 3.17　H 形膨胀阀工作原理示意图

A—自冷凝器；B—到蒸发器；C—自蒸发器；D—到压缩机；
1—测量孔；2—阀球；3—弹簧；4—推杆；5—制冷剂；6—薄膜下压力补偿；7—金属薄膜；8—感温元件

7. 节流管

节流管如图 3.18 所示,是位于蒸发器前部的一段狭长管路,和膨胀阀起到相同的作用,但它只是一个长度固定、不能调节的元件,依靠高低压侧的压力差来调节进入蒸发器的制冷剂量。所以节流管是制冷环路中高压与低压区的分界。它对流过的制冷剂进行"节流"。在节流管前段的制冷剂为温暖高压状态,当制冷剂通过节流管后,压力立刻下降,制冷剂成为低温低压状态。

3.3 奥迪汽车空调系统

3.3.1 奥迪汽车全自动空调系统概述

奥迪汽车采用的是自动空调控制系统。汽车空调自动温度控制（Automatic Temperature Control, ATC）系统俗称恒温空调系统。自动空调装置的空气循环控制，由空调控制单元 J255 从传感器得到信息，并将它们与控制单元中的理论值进行对比，然后控制单元输出信号，从而控制电气部件（终端控制）。一旦设定目标温度，ATC 系统即自动控制与调整，使车内温度保持在设定值。

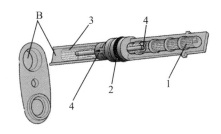

图 3.18 节流管

A—安装方向；B—至蒸发器；1—过滤网；2—O 形圈；3—雾化网；4—节流管

ATC 系统包括温度传感器、控制单元、执行机构等。其中温度传感器有车外气体温度传感器、车内气体温度传感器、日照传感器（阳光强度传感器）和蒸发器温度传感器。

计算机控制温度的汽车空调系统，不仅能按照成员的需要吹出最适宜温度的风，而且可以根据需要调节风速和风量，改变压缩机运行状态，并具有故障自诊断功能。

ATC 系统示意图如图 3.19 所示。

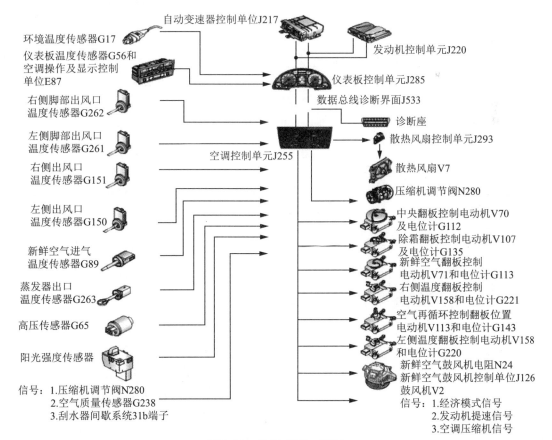

图 3.19 ATC 系统一览图

空调控制单元如图 3.20 所示，其工作原理：收集并处理各个传感器传递来的温度、压力、转速、车内空气质量和停车时间等信号，然后输出一组控制电流，控制电磁离合器、鼓风机、伺服电动机和翻板等执行元件进行工作。

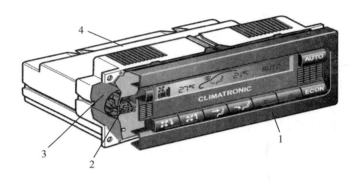

图 3.20　空调控制单元（带显示和操作单元）

1—显示和操作单元；2—仪表板温度传感器 G56；3—鼓风机；4—空调控制单元

3.3.2　传感器及执行器

1. 环境温度传感器 G17

环境温度传感器 G17 也称车外温度传感器、外界空气温度传感器、大气温度传感器。环境温度传感器用负温度系数电阻制成，当车外温度变化时其电阻发生改变。环境温度传感器一般安装在前保险杠内或散热器之前，如图 3.21 所示，易受环境影响，包在一个注塑树脂壳内，以对温度的突然变化做出反应，使其能准确地检测到车外的平均气温。控制单元根据这个温度信号操纵温度翻板和新鲜空气鼓风机工作。如果这个温度信号失效，会使用另一个温度传感器（新鲜空气进气道温度传感器）的测量值来取代。如果后者也失效，那么系统用 +10℃ 这个替代值继续工作，此时循环空气模式不能使用。

2. 电子压力传感器 G65

在新一代奥迪汽车上安装了电子压力传感器 G65（图 3.22），以代替压力开关，它是根据硅晶片在不同压力下的电特性，以数字信号实施控制，从而提高了控制精度，使风扇的接通、切断具有延时性，风扇运转更加平稳，乘坐更舒适；它能全程监控循环系统中的制冷剂压力，大大提高了系统的安全性。

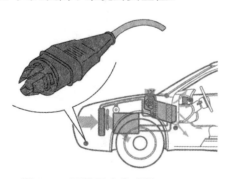

图 3.21　环境温度传感器

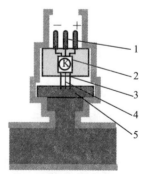

图 3.22　电子压力传感器

1—脉冲宽度调制信号；2—微处理器；
3—输入电压；4—测试电压；5—硅晶片

3. 蒸发器出口温度传感器 G263

蒸发器出口温度传感器 G263 安装在蒸发器翼片上，以精确感应蒸发器的温度，采用热敏电阻制造，具有负温度系数特性。当蒸发器出口温度传感器处温度在 $-1 \sim 0$℃时，空调控制单元切断电磁离合器的供电（定排量压缩机），或调整压缩机的排量（变排量压缩机），防止蒸发器结冰。

4. 新鲜空气进气温度传感器 G89

新鲜空气进气温度传感器 G89 安装在新鲜空气进气道中，如图 3.23 所示，实际就是外部实际温度的第 2 个测量点。控制单元按照这个温度信号来操纵温度翻板和新鲜空气鼓风机工作。如果这个温度信号失效，则使用另一个温度传感器（车身前部的外部温度传感器）的信号。

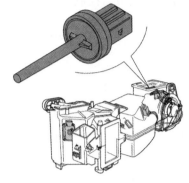

图 3.23 新鲜空气进气温度传感器

5. 车内出风口温度传感器 G150、G151、G261、G262

车内各出风口温度传感器的作用类似，出风口温度信号传递给空调控制单元，用以调节各翻板和新鲜空气鼓风机工作。出风口温度传感器具有负温度系数特性，一般安装在各出风口管道上。

6. 阳光强度传感器 G107

阳光强度传感器 G107 安装在前风窗玻璃内侧，测量直接照射在车内乘客身上的阳光强度，以此作为制冷系统的控制依据，可以更好地改善乘车的舒适程度。

阳光强度传感器的结构如图 3.24 所示。其工作原理：当阳光从前方直接以斜线方向照在乘客身上时，乘客会感到很热；阳光也通过滤色片 2（滤色片 2 对光敏二极管 4 起到保护作用）和光学元件 3 照射在光敏二极管 4 上，此时阳光强度传感器接受的阳光很强，流过光敏二极管的电流增大，空调控制单元根据这个信息把车内温度降下来。当光线以垂直方向照在车身时，乘客身上无阳光，此时阳光强度传感器接受不到阳光，流过光敏二极管的电流很小，车内温度仍保持在原来的水平。当阳光强度传感器失效或出现故障时，没有任何其他替代功能，空调控制单元会自动转到常规模式对车内温度进行控制。

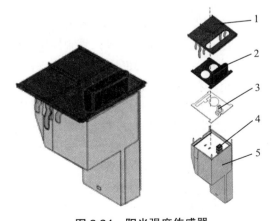

图 3.24 阳光强度传感器

1—盖子；2—滤色片；3—光学元件；4—光敏二极管；5—外壳

7. 仪表板温度传感器 G56 和鼓风机 V42

如图 3.20 所示,仪表板温度传感器 G56 一般都直接装在控制单元内,它将车内的实际温度值传给控制单元。在仪表板温度传感器的后面安装了鼓风机 V42。鼓风机不断地将车内的空气吹向仪表板温度传感器,使仪表板温度传感器的测量值更符合实际。控制单元接收来自仪表板温度传感器的信号,与设定的目标温度值相比较,控制温度翻板位置及鼓风机转速,能进一步提高温度控制精度。如信号中断,控制单元将用 24℃代替。

8. 鼓风机的控制

当空调处于自动模式时,空调控制单元根据设定的温度、车内现有温度、车外温度、阳光强度、蒸发器温度等信号,控制鼓风机转速。人工控制鼓风机转速时,自动控制停止。

9. 散热风扇控制单元 J293 及散热风扇 V7

空调控制单元根据冷却液温度及制冷剂压力信号控制风扇的运转速度,散热风扇控制单元根据空调控制单元发出的风扇运转请求信号直接控制风扇转速。

10. 空调压缩机的控制

当驾驶员选择 A/C 模式时,空调控制单元使压缩机离合器的线圈搭铁,触点闭合,电流通过离合器线圈使离合器结合,带盘带动压缩机转动。当车外温度传感器显示温度低于设定值时,空调控制单元使压缩机离合器不起作用;同样,当传感器显示节气门全开或发动机处于高速运转时,空调控制单元使压缩机离合器不起作用。对于电子控制可变排量的压缩机,由空调控制单元控制调节阀开度,进而控制压缩机斜盘角度,达到变排量控制的目的。

3.3.3 空调空气管路及送风系统

空调空气管路及送风系统的作用就是将制冷、采暖、送风等进行有机调节、输送和分配,形成舒适的车内环境。

送风系统包括冷却机组、加热机组、鼓风机组三部分。冷却机组控制送风的温度和湿度;加热机组控制送风温度和除霜送风;鼓风机组能实现新鲜空气和内部空气之间的进气切换,净化空气并控制风量等。

空调控制单元通过计算、比较设定温度所表示的电阻阻值与车内温度传感器阻值、车外温度传感器阻值、出口处温度传感器阻值和日照、节能修正量的电阻阻值之和,做出相应的判断后向执行机构发出各种指令,由执行机构执行相应操作。驾驶人通过触摸按钮向空调控制单元输入各种信号,空调控制单元通过计算分析、比较后发出指令,接通相应电路使伺服电动机转动,打开相应的出风口翻板并调节温度,控制温度翻板的位置。

空调箱体结构及最大制冷模式输出时各翻板位置如图 3.25 所示。此时温度翻板关闭流经暖风水箱的空气通道,空气经蒸发器降温后输出至各出风口。如此时压缩机不工作,流经蒸发器的空气温度保持不变。

最大制热模式如图 3.26 所示。此时温度翻板处于使空气全部流经暖风水箱通道的位置,所有空气经暖风水箱加热后输出至各出风口。此模式下蒸发器不工作,即压缩机停止工作。

混合模式如图 3.27 所示，温度翻板处于最大制热模式与最大制冷模式之间。空气经过蒸发器降温后，一部分空气流经暖风水箱通道，经暖风水箱加热后，与降温后的冷空气混合，经各出风口输出。此模式下压缩机工作时，流经蒸发器的空气被除湿，有利于清除玻璃上的雾气。

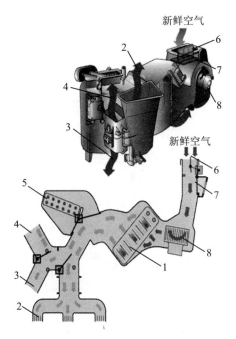

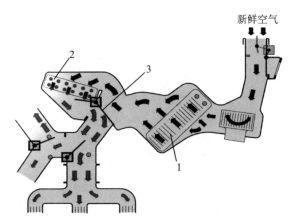

图 3.25 空调箱体结构及最大制冷模式

1—蒸发器；2—仪表板中间出风口；
3—脚部出风口；4—除霜；5—暖风水箱；
6—新鲜空气翻板；7—内外循环翻板；8—鼓风机

图 3.26 最大制热模式

1—蒸发器；2—暖风水箱；3—温度翻板

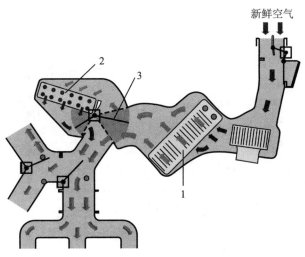

图 3.27 混合模式

1—蒸发器；2—暖风水箱；3—温度翻板

由于不同乘客对温度的要求不一样，为满足不同乘客对温度的不同要求，有些汽车自动空调可以独立设置驾驶侧和副驾驶侧出风口温度。左右侧温度独立控制的空调箱体结构示意图如图3.28所示。在空气分配器壳体中，气流分成冷、暖及左、右气流。根据所需要的温度情况，温度翻板会为车内分配好冷、暖气流所占的比例。如图3.29所示的温度控制模式中，左侧为最大冷风位置，此时左侧暖风通道完全关闭，空气流经蒸发器由左侧出风口吹出；右侧为最大暖风位置，冷风通道完全关闭，空气经暖风水箱加热后由右侧出风口吹出。

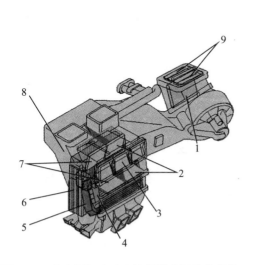

图3.28　左右侧温度独立控制的空调箱体结构　　图3.29　左右出风口温度独立控制示意图

1—内、外循环翻板；2—右侧温度翻板；3—中央翻板；
4—辅助加热；5—暖风水箱；6—蒸发器；
7—左侧温度翻板；8—空调箱体；9—新鲜空气翻板

各翻板位置是由伺服电动机控制的，每个伺服电动机都配有一个电位计。这个电位计通过一个反馈值将翻板的位置告知空调控制单元，如图3.30所示。

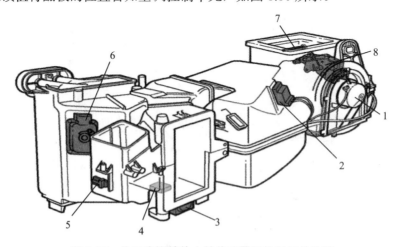

图3.30　位于空调箱体上的传感器及执行元件位置

1—鼓风机；2—鼓风机模块；3—中央翻板伺服电动机；4—温度翻板伺服电动机；5—脚部通风温度传感器；
6—脚部/除霜翻板伺服电动机；7—进气口温度传感器；8—新鲜空气/循环空气翻板伺服电动机

翻板伺服电动机及其电路如图 3.31 所示。

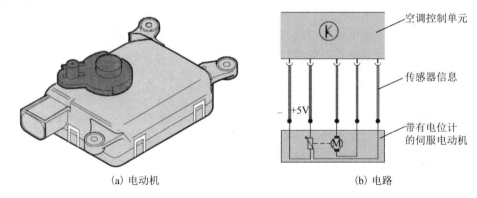

(a) 电动机　　　　　　　　(b) 电路

图 3.31　翻板伺服电动机及其电路

(1) 温度翻板伺服电动机。温度空气翻板执行器采用一个电控电动机，根据驾驶人设定的温度，自动控制温度翻板的位置，以控制一定的车内温度。

当驾驶人设定温度为 22℃，而车厢内温度低于 22℃时，空调控制单元发送指令给电动机，温度翻板关闭蒸发器侧通道，并打开暖气散热器一侧的通道，使车内温度迅速升高到 22℃；当驾驶人设定温度为 22℃，而车厢内温度高于 22℃时，空调控制单元发送指令给电动机，温度翻板打开蒸发器一侧的通道，关闭暖风水箱一侧的通道，并使鼓风机电动机高速运转，从而车内温度迅速下降到 22℃。

(2) 新鲜空气翻板伺服电动机。新鲜空气翻板伺服电动机用于控制车内的空气再循环，防止外界空气进入车内，使车内的温度快速降低。但是长时间采用空气再循环模式，会使车内二氧化碳浓度和相对湿度增加，车窗玻璃结雾。因此使用车内空气再循环模式一般不要超过 15min。

(3) 新鲜空气/循环空气翻板伺服电动机。当新鲜空气/循环空气翻板伺服电动机处于再循环模式时，控制翻板打开，使车内空气经翻板流通再循环。当新鲜空气/循环空气翻板伺服电动机处于外部空气模式时，即外界新鲜空气进入车内时，翻板关闭，防止车内空气再循环。

有些车型上新鲜空气翻板和新鲜空气/循环空气翻板由一个伺服电动机驱动。这两个翻板通过一个驱动带轮（有两个导轨）实现分别调节。

(4) 中央翻板伺服电动机。中央翻板伺服电动机用于控制中央出风口翻板的开启或关闭。

(5) 脚部/除霜翻板伺服电动机。脚部/除霜翻板伺服电动机用于控制空气吹向脚部或前风窗玻璃。当同时开启除霜、脚部风向时，脚部/除霜翻板位于中间位置，此时脚部及前风窗玻璃出风口同时有空气吹出。

3.3.4　循环空气模式及外部空气模式

空调系统在进行空气准备时有两种空气状态可用：外部空气（新鲜空气）和内部空气（循环空气）。

在循环空气模式时，用于给车内制冷的空气不是从车外抽取的，而是取自车内，也就是只将车内的空气进行循环并调节温度。利用循环空气模式可以尽快将车内制冷。其过程就是反复使用车内的空气,于是车内温度就变得越来越低。在车内加热工况时,会出现相反的结果,能很快提高车内温度。在制冷模式工作时,若采用循环空气模式,则所需要的蒸发器功率或者驱动压缩机所需要的功率可降低一半以上。除了能快速制冷、制热外,还可利用循环空气模式避免吸入车外空气中的有害物质(异味花粉)。

如果车内空气的露点高于玻璃温度,那么玻璃上就不可避免地结成雾气。因此在除霜位置时,循环空气模式会自动关闭。

循环空气模式可以通过手动或自动控制方式执行。对于手动空调装置来说,通过控制和操纵循环空气模式,驾驶人决定何时使用循环空气模式及使用多长时间。一些车型的自动空调装置已经采用自动方式操控循环空气模式。当发现车外空气中含有害物质时,新鲜空气的输送应被切断。对于手动操纵循环空气模式的空调装置来说,当驾驶人感觉到车厢内的空气不适启用循环空气模式时,车内的空气已经被外来的空气污染。而对于自动操纵循环空气模式的空调装置来说,在通过传感器识别出空气中存在有害物质时,车上的通风系统就会自动关闭,这时异味尚未进入车内。

循环空气模式工作原理:当空调开启自动空气循环功能时,空气质量传感器侦测到车外空气中的有害物质,如果有害物质浓度较高的话,空调控制单元会根据这个信号将外部空气模式转换成循环空气模式。如果有害物质浓度降低了,车内将恢复成外部空气模式。自动空气循环功能可以通过手动来接通或者关闭。

空气质量传感器如图 3.32 所示,它可以探测的主要的有害物质有一氧化碳(CO)、己烷(C_6H_{14})、苯(C_6H_6)、庚烷(C_7H_{16})、氮氧化物(NO_x)、二氧化硫(SO_2)、硫化氢(H_2S)、二硫化碳(CS_2)等,当空气质量传感器到达保养周期时,必须进行更换。

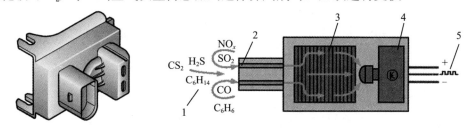

图 3.32 空气质量传感器

1—污浊的空气;2—新鲜空气进口;3—组合过滤网;4—传感器 G238;5—至空调 ECU 的信号

3.4 汽车空调系统的检修

3.4.1 空调系统的常规操作

1. 制冷剂及冷冻机油的操作

(1) R-134a 液体制冷剂有高度挥发性,掉在皮肤上可能引起局部冻伤,所以在搬运这种制冷剂时最好戴一双手套。

(2) 如果不慎将制冷剂弄到眼睛里,应立即用大量清水冲洗。标准的操作应该是搬运时戴上防护眼镜和手套。

(3) 盛放 R-134a 的容器是高压的,不要把它放在温度高的地方,应该确保存放温度在 52℃ (126 ℉) 以下。

(4) 一般用一个泄漏探测器检查系统的制冷剂是否泄漏。特别注意：R-134a 一旦与火焰接触（这种探测器是靠燃烧丙烷来产生一个小火焰的），就会产生一种光气，这是有毒的。

(5) 应根据空调系统和相关零件的工作要求使用推荐的 R-134a 制冷剂，如果使用其他制冷剂，系统会受损。

(6) 冷冻机油很容易从空气中吸收湿气，因此从车上取制冷零部件时，应立即把该部件盖上，以防止水气进入空调系统。

(7) 如果空调系统发生意外泄漏，应将系统的工作区通风一段时间后再使用。

(8) 确认系统采用的制冷剂和冷冻机油。在压缩机铭牌上会注明所采用的制冷剂及冷冻机油，若压缩机未注明冷冻机油，则应慎重考虑，寻找资料，设法确认所用的冷冻机油。若无法确认，则要将系统中的冷冻机油尽量排除干净。

2．与材料有关的注意事项

(1) 对制冷剂操作时（即开放制冷系统时）必须戴防护眼镜。一旦制冷剂溅入眼睛，应立即用大量眼药水或干净的冷水冲洗，并马上到医院治疗。若皮肤上溅到制冷剂，要立即用大量冷水冲洗，并涂上清洁的凡士林，千万不可用手搓。

(2) 要在通风良好的地方进行系统的维修。

(3) 周围有水坑或下雨天露天作业时，不能打开空调系统。

(4) 修理工具必须清洁干燥，安装、修理场地应干净。

(5) 制冷系统打开后，所有接口一定要及时加盖或包扎密封，防止空气中的潮气或杂质进入。

(6) 安装制冷系统时，干燥器一定要在最后安装。不同的制冷剂要用不同的干燥剂。

(7) 冷冻机油要随时盖严，并应标明冷冻机油牌号。

(8) 冷冻机油不要存放在聚乙烯等塑料容器中，应用钢制容器，因为聚乙烯会使水分透入。

(9) 不同品牌的冷冻机油不能混用，以免油变质及黏度降低。

(10) 制冷剂必须慢慢排放，以免冷冻机油被带出，并且不能与有光泽的金属表面接触。

(11) 制冷剂要存放在 40℃ 以下的环境中，并保证不会从高处掉下。

(12) 不能在密闭的房间内或靠近火焰的地方处理制冷剂。充注有制冷剂的制冷部件不能进行焊接操作。

(13) 低压端不能加注液态制冷剂，从高压端加制冷剂时不能开动压缩机。

(14) 各种密封软垫（垫圈）必须用与所用的制冷剂相容性好的橡胶密封材料制造。

(15) 连接软管要用制冷专用的材料制造，R-134a 适用的连接软管应以尼龙作为内衬。

(16) 更换制冷部件后，要先为系统补充冷冻机油，再加注制冷剂。

(17) 不能用蒸汽清洗冷凝器和蒸发器，只能用冷水或压缩空气。

3．其他注意事项

(1) 制冷系统还未注入制冷剂时，不得发动汽车。

(2) 若要长期保存压缩机（使用过的），为防止发生腐蚀，要排尽压缩机内部的空气，再用制冷剂或干燥的氮气灌满压缩机。

(3) 进行抽真空工序前必须认真检查密封情况，并事先做好对泄漏部位的处理。

(4) 安装工作全部完毕后，应检查汽车各部件的动作是否正常，燃油管、冷却系、电路是否完好，并检查空调性能是否良好。

3.4.2 空调系统的故障诊断

1. 故障诊断程序

在检修汽车空调时，为了能准确地判断出故障部位，高质量地修复故障，必须按照一定步骤进行检查和维修。实践证明，"先简单，后复杂；先外部，后内部；先电气线路，后制冷系统"的维修步骤是比较科学的。

（1）用户故障分析：在进行汽车修理时，应该向用户详细了解出现的故障情况。

（2）检查和清除诊断故障码：因为计算机控制的汽车空调，可以将故障以故障码的形式存储在存储器中。所以在听取用户的报修情况后应首先依靠计算机的诊断功能，将存储在计算机中的故障码读取，并记录下来。然后将存储的故障码从计算机中清除。

（3）分析和确认故障及故障部位：通过用户调查和计算机诊断故障码检查，对可能的故障做进一步的分析，即起动空调系统，对用户的报修部位进行故障模拟检查，并观察、触摸、查漏、检测温度和风量，进行综合性考察，以初步判断故障种类和位置。

（4）根据诊断故障码，依次检测传感器和故障码所代表的电路、配线、接头、控制器。

（5）根据确诊的故障，再检测无诊断故障码的电路、配线、接头和控制器。

（6）修理或更换故障发生部位的零部件。

（7）试验：修理结束后，不但要确认故障已消除，还要进行故障码检查和执行器检查，空调高、低压检查，空调空气温度调配检查等，务必使整个空调系统运转正常。

2. 常规诊断故障方法

用一些简单仪器、仪表等手段检查空调装置的方法称为常规诊断故障方法。该方法包括看、听、摸和测。

1）看——透过观察窗的现象来判断故障

如图 3.33 所示，制冷系统启动后不久观察窗内的气泡消失，说明系统正常；若观察窗仍有气泡或泡沫，并且蒸发器表面结霜，说明制冷剂不足；若蒸发器不结霜但有上述现象，则说明干燥器内有水；往冷凝器上溅水，气泡消失，说明制冷剂过多；若制冷效果不好且观察窗一直清晰，说明系统内无制冷剂；若观察窗内布满油斑，说明制冷剂漏尽；若观察窗内污浊，说明润滑油过多。

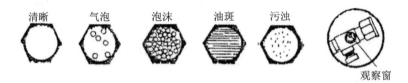

图 3.33 观察窗

2）听——通过耳听来区分正常声响和异响

不接通压缩机，而在压缩机处有异响，说明轴承损坏；接通压缩机后外部有异响，说明离合器有故障，应检查电磁离合器线圈或离合器间隙；接通压缩机后内部有异响，说明压缩机活塞等机件有故障；接通压缩机后内部有异响，但放出一些制冷剂后，异响消失，说明系统内制冷剂过多或膨胀阀开度过大，使制冷剂在未完全汽化的情况下吸入压缩机。

3) 摸——用手摸感觉部件的温度来判断故障（在无温度计的情况下）

压缩机的排气口烫手，吸气口热（正常时为凉），说明制冷剂过多；压缩机表面温度很高且有很大气味，关闭空调后，在 1 min 内高、低压表指示很快趋于平衡，说明压缩机阀片损坏或有其他泄漏；冷凝器出口至膨胀阀进口管路热（正常时为温），说明冷凝器工作不良；干燥器出口热，入口烫手，说明干燥器堵塞。

4) 测——依靠仪表与仪器判断故障

(1) 测温度。用温度计测量相关部位温度来判断故障。正常情况下，在冷凝器入口管处的温度约为 70℃，出口管约为 50℃；蒸发器表面在不结霜的前提下，温度越低越好；干燥器的温度约为 50℃，并且上、下温度一致，否则说明干燥器内堵塞。

(2) 测泄漏。用各种检漏仪能判断系统的密封性。

(3) 测电路。用万用表能检查系统电路的故障。

(4) 测风速。将风速仪放在出风口处，风速在 0.2～0.4 m/s 为正常。

(5) 测压力。用高压表和低压表检测压力来判断故障。将压力表接到压缩机的高、低压阀上，在压缩机静止和运转状态下，根据压力表的读数判断故障。在环境温度达 20℃ 以上时，发动机以 500～2000r/min 运转，风扇以最高转速运转，冷气开至最大，低压侧的正常压力为 147～196kPa，高压侧的正常压力为 1421～1470kPa。当系统不正常时，压力表会有如下显示：

① 高、低压管侧压力都不正常，其原因是制冷剂不足、润滑油过多，管路内有空气、泄漏。

② 高、低压管侧压力都偏低，说明膨胀阀堵塞或感温包泄漏。

③ 高压管侧压力过高，而低压管侧压力过低（甚至出现负压），说明干燥器严重堵塞。

④ 高压管侧压力过低，而低压管侧压力过高，说明压缩机磨损或皮带打滑。

⑤ 高压管侧压力正常，而低压管侧压力过高，高低压之差远小于 8kPa，说明压缩机效率低；若高低压之差略小于 8kPa，应更换膨胀阀。

⑥ 低压管侧压力有时为负值，有时正常，说明系统间歇制冷，应更换过滤器，再反复充、放制冷剂，排除水分。

⑦ 高压管侧压力偏低，而低压管侧指示负压，在过滤器或膨胀阀的前后管路上可以看到霜和露珠，说明制冷剂不循环。

3．自诊断

近几年生产的高档轿车，其装备的全自动空调系统都具有自诊断功能。全自动空调控制系统的操纵和指示装置带有故障存储器，在整个系统工作过程中监控系统中的各元件，若出现故障，故障存储器存储故障信息，在故障存储器中存储的信息很容易由操纵和指示装置调出。因此，在维修此类空调时，要善于利用其自诊断功能，以最短的时间检测出故障并进行相应的修理。

4．故障现象及排除

如果空调控制单元无故障码记录，但是空调系统的故障仍然存在或重新出现，则应针对每种故障的症状进行排除，并按照表 3-1 所列的排除故障的顺序检查每一电路和空调器件。在每种故障的可能原因按表 3-1 规定的顺序全部检查完毕且未见异常后，应检查或更换空调各个控制部件（包括空调控制单元）。

表 3-1 自动控制空调故障的症状与检修

故障症状		可疑电路、器件和检查顺序
风量控制	送风机不运行	点火电源电路 空调控制电源电路 取暖主继电器电路 送风机电动机电路 水暖传感器电路 空调控制单元
	送风机无控制	点火电源电路 功率晶体管电路 超高速继电器电路 取暖主继电器电路 送风机电动机电路 水暖传感器电路 空调控制单元
	风量不足	送风机电动机电路
温度控制	无冷空气输出	制冷剂漏光 传动 V 带折断或张力不够 用表阀检查制冷系统 压缩机电路 压力开关电路 压缩机锁定传感器电路 空气混合温度门位置传感器电路 空气混合伺服电动机电路 车内温度传感器电路 大气温度传感器电路 蒸发器温度传感器电路 点火电源电路 空调控制电源电路 取暖主继电器电路 送风机电动机电路 点火器电路 空调控制单元
		热水阀 水暖传感器电路 空气混合温度门位置传感器电路 空气混合伺服电动机电路
	无暖风送出	点火电源电路 空调控制电源电路 取暖主继电器电路 送风机电动机电路 车内温度传感器电路 大气温度传感器电路 蒸发器温度传感器电路 空调控制单元

续表

故障症状	可疑电路、器件和检查顺序
温度控制 — 输出空气温度比规定值高或者低，或者响应缓慢	制冷剂量 传动 V 带张力 用表阀检查制冷系统 冷凝器 风机电路 热水阀 送风机电动机电路 阳光辐射传感器电路 车内温度传感器电路 大气温度传感器电路 蒸发器温度传感器电路 水温传感器电路 空气混合温度门位置传感器电路 空气混合伺服电动机电路 进气翻板位置传感器电路 进气翻板伺服电动机电路 冷凝器 储液干燥器 蒸发器 加热器芯 膨胀阀 空调控制单元
无温度控制，只有冷气或暖气最足	车内温度传感器电路 大气温度传感器电路 空气混合温度门位置传感器电路 空气混合伺服电动机电路 空调控制单元
无进气控制	进气翻板位置传感器电路 进气翻板伺服电动机电路 空调控制单元
出气气流无法控制	功能选择键伺服电动机电路 冷气最大伺服电动机电路 空调控制单元
发动机怠速时，不出现转速提高或持续提高	压缩机电路 空调控制单元 发动机和变速器控制单元

3.4.3 空调制冷系统的检修

汽车空调制冷系统检修的基本操作主要有制冷系统制冷剂量的检查，制冷系统工作压力的检测和制冷系统检漏，从制冷系统内放出制冷剂，抽真空，加注和补充制冷剂，加注和补充冷冻机油等。

1. 制冷剂量的检查

起动发动机,将发动机转速稳定在1500～2000r/min,把空调功能键置于最大制冷状态,风机(包括冷凝器和蒸发器风机)置于最高转速,开动空调系统5min后通过视液镜进行观察。观察的现象、结论和处理方法见表3-2。

表3-2 通过视液镜观察制冷剂量

现象	结论	处理方法
视液镜下一片清晰,送风口有冷气吹出。在发功机转速提高或降低时,可能有少量气泡出现,关闭空调后随即起泡,然后逐渐消失(约45s内消失)	制冷剂量合适	
视液镜下有少量气泡,或者每隔1～2s就可看到气泡	制冷剂量不足	检漏,并补充制冷剂至适量
视液镜下一片清晰,并有冷气输出。关闭空调后15s内不起泡	制冷剂量过多	释放多余制冷剂
视液镜下有很多泡沫或者气泡消失,视液镜内呈油雾状或出现机油条纹	制冷剂量严重不足或根本无制冷剂	检漏,修理泄漏部位,并补充制冷剂至适量
视液镜下出现云堆状现象	干燥剂已分散,并随制冷剂流动	更换干燥剂

2. 制冷系统工作压力的检测

要了解汽车空调制冷系统工作循环进行的情况,必须测量制冷系统工作时高压侧和低压侧的压力,制冷系统工作压力的检测方法如下。

(1) 将歧管压力计正确连接到制冷系统相应的检修阀上,如果是手动检修阀应使阀处于"中位",同时连接好发动机转速表。

(2) 关闭歧管压力计上的两个手动截止阀。

(3) 用手拧松歧管压力计上高低压注入软管的连接螺母,让系统内的制冷剂将高低压注入软管内的空气排出,然后将连接螺母拧紧。

(4) 起动发动机并使发动机转速保持在1000～1500r/min,然后打开空调开关和鼓风机开关,设置到空调最大制冷状态,鼓风机高速运转,温度调节到最低。

(5) 关闭车门、车窗和舱盖,发动机预热。

(6) 把温度计插进中间出风口并观察空气温度,在外界温度为27℃时,运行5min后出风温度应接近7℃。

(7) 观察高低压侧压力,蒸发器的吸气压力应为0.207～24kPa,压缩机的排气压力应为1103～1633kPa。应当注意,外界高温高湿将造成高温高压的条件。如果离合器工作,在离合器分离之前记录下数值。

(8) 如果压力异常,异常原因及检修方法见表3-3。

表 3-3　制冷系统压力异常原因及检修方法

现象	原因	检修
低压侧压力低 高压侧压力高	1. 膨胀阀损坏 2. 制冷剂软管堵塞 3. 储液干燥器堵塞 4. 冷凝器堵塞	1. 更换膨胀阀 2. 检查软管有无弯折，必要时更换 3. 更换储液干燥器 4. 更换冷凝器
高低压侧压力正常 但制冷量不足	1. 系统中有空气 2. 系统中油过量	1. 抽真空，检漏并充注系统 2. 排放并抽油，恢复正常油位。抽真空，检漏并充注系统
低压侧压力低 高压侧压力低	1. 系统制冷剂不足 2. 膨胀阀堵塞	1. 抽真空，检漏并充注系统 2. 更换膨胀阀
低压侧压力高 高压侧压力低	1. 压缩机内部磨损泄漏 2. 缸盖密封垫泄漏 3. 压缩机传动带打滑	1. 拆下压缩机盖，检查压缩机，必要时更换阀板总成。如果压缩机堵塞或缸体磨损，更换压缩机 2. 更换缸盖密封垫 3. 调整传动带张力
低压侧压力高 高压侧压力高	1. 冷凝器翅片堵塞 2. 系统中有空气 3. 膨胀阀损坏 4. 风扇传动带松或磨损 5. 制冷剂过量	1. 清理冷凝器翅片 2. 抽真空，检漏并充注系统 3. 更换膨胀阀 4. 调整或更换传动带 5. 释放一些制冷剂

3. 制冷系统的检漏

由于汽车空调制冷系统各部件及管路均采用可拆式连接，压缩机也是开式结构，而制冷剂的渗透能力很强，因此，制冷系统的泄漏是不可避免的。据统计，汽车空调不制冷或制冷不足故障中，70%～80%以上都是由系统泄漏所造成的。因此，制冷系统的检漏作业在汽车空调维修作业中是十分重要的一个环节。目前，常用的检漏方法主要有以下几种。

1) 检漏仪器检漏法

检漏仪器检漏是汽车空调检漏作业中最常用、最主要的检漏手段，即用卤素检漏灯或电子卤素检漏仪对制冷系统各部件或连接管路进行检漏。采用检漏仪检漏的前提是制冷系统管路内必须有一定的压力（1～3bar 以上）的制冷剂，因此，在进行检漏作业之前，应适当加入一定量的制冷剂（对轿车空调来说，在抽真空作业完成后，从高压侧注入 200g 左右的液态制冷剂即可），或不放出系统内原有的制冷剂以备检漏之用。

需要重点检漏的部位主要如下：

(1) 拆修过的制冷系统部件及各连接部位。

(2) 压缩机轴封、前后端盖密封垫、检修阀和过热保护器。

(3) 冷凝器散热片及制冷剂进出连接管口。

(4) 制冷系统各管路及连接部位。

一般来说，对制冷系统高压侧部件及管路的检漏应在运行过程中或压缩机刚刚停止运转时立即进行，这时，系统压力较高，较小的泄漏点容易暴露；对压缩机轴封的检漏最好也在压缩机运行时进行。而对低压侧管路的检漏，应在压缩机停止运行时进行，这时低压侧压力相对较高。对于蒸发器、膨胀阀及其连接管路的检漏，由于其安装相对比较隐蔽，检漏仪探头较难直接触及，因而无法对其直接检漏，可使风机在低速下运行，将检漏仪探头直接伸入出风口内或在蒸发器总成附近进行间接检漏。等发现有泄漏时，再拆下蒸发器总成对其进行单独试漏。

2) 目测检漏法

目测检漏法是指用肉眼查看制冷系统（特别是制冷系统的管接头）部位是否有冷冻机油渗漏痕迹的一种检漏方法。因为制冷剂与冷冻机油互溶，所以在泄漏处必然也带出冷冻机油，因此，制冷系统管道有油迹的部位就是泄漏处。

3) 肥皂水检漏法

肥皂水检漏法是指在检漏时，对施加了压力的制冷系统，用毛刷或棉纱蘸肥皂水涂抹在被检查部位，查看被检查部位是否有气泡产生的一种检漏方法。若被检查的部位有气泡产生，则说明这个部位是泄漏处（点）。肥皂水检漏法简便易行，而且很有效，但操作比较麻烦，维修工采用此法检漏时，一定要细致、认真。

4) 卤素灯检漏法

卤素灯检漏法是指在检漏时，利用卤素与吸入的制冷剂燃烧后产生的不同颜色火焰进行检漏的一种方法。

5) 抽真空做气密性试验法

抽真空做气密性试验法是指对制冷系统抽真空后，保持一段时间（至少60min），观察系统中的真空压力表指针是否移动（即指针是否发生变化）的一种检漏方法。要指出的是，采用这种方法检漏，只能说明制冷系统是否泄漏，而不能确定泄漏的具体部位。

6) 打压检漏法

打压检漏法是指将1.5～2MPa氮气、二氧化碳或混有少量制冷剂的氧气、二氧化碳等介质打入制冷系统中，再用肥皂水或卤素检漏灯进行检漏的一种方法。这种方法常用于空调制冷系统中的制冷剂全部漏光时的检漏。要注意的是，在高压条件下操作时尽量不要用空气压缩机打压或制冷系统本身的压缩机打压，因为这样会给制冷系统带入一部分水分。

4. 从制冷系统内放出制冷剂

在检修和更换压缩机、冷凝器、储液干燥器等制冷系统各部件时，如系统内还有制冷剂，必须首先将系统内的制冷剂放出后才能进行相应的检修作业。放出制冷剂的步骤如下：

（1）将歧管压力计正确连接到制冷系统相应的检修阀上，如果是手动检修阀，应使阀处于"中位"。

（2）将中间注入软管出口端放在干净的软布上。如果空调能够开动，则让其在最大冷却位置使空调运转10～15min。

（3）缓慢将歧管压力计上的低压手动阀拧开，让制冷剂从中间注入软管中流出。

（4）观察布片上是否有油迹，如有则说明释放速度太快，应关小阀门开度；如果发现带出的压缩机冷冻机油较多，则应把中间软管放进量杯中，测量被带出的油量，以便再加注同体积的冷冻机油。

（5）当两个压力表指针均指向零位时，说明制冷剂已经放空，这时可卸下歧管压力计，把各接口重新接好，避免灰尘污染制冷系统。

5. 制冷剂的充注程序

对于新安装的汽车空调制冷系统，因修理或更换制冷系统零部件而放空的制冷系统在完成安装或维修作业后要重新充注制冷剂。充注制冷剂的一般程序如图 3.34 所示。

从上述充注制冷剂的程序可看出，制冷剂的充注包括抽真空作业、从高压侧充注液态制冷剂、检漏作业、从低压侧充注气态制冷剂和检查制冷剂量五项基本作业。

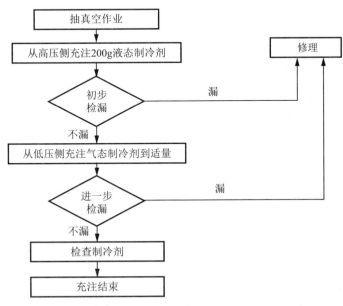

图 3.34　充注制冷剂的一般程序

6. 抽真空作业

汽车空调制冷系统经修理后，由于接触了空气，必须用真空泵抽真空，排除制冷系统中的水分和空气，以维护空调制冷系统的正常工作。抽真空并不能直接把水分抽出制冷系统而是产生真空后降低了水的沸点，水以蒸汽的形式被抽出制冷系统。系统抽真空的过程，就是利用真空泵将制冷系统内的空气和水分抽出的过程。

抽真空之前，应进行制冷剂泄漏检查。抽真空也是进一步检查系统在真空情况下的气密性能。系统抽真空一般可分为四个操作程序。

(1) 连接系统抽真空设备。按图 3.35 所示，将真空泵、表阀与空调制冷系统连接好。

(2) 抽真空。开动真空泵，打开高、低压手动阀几分钟后，在真空表上应有大于 99.1kPa（即大于 40mmHg）的真空度。若真空表上的压力达不到所需要的真空度，则说明系统有泄漏。待泄漏部位修好后，再进行抽真空。

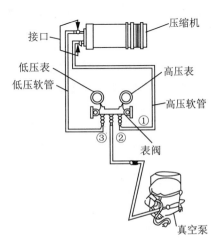

图 3.35　汽车空调制冷系统抽真空

(3) 抽真空后的检漏。检漏时，首先关闭高、低压手动阀，等待 5～6 min，其压力下降不得超过 3.4kPa（即 25.4mmHg）。否则，说明空调制冷系统有泄漏，等检漏修理后，再抽真空、再检漏。

(4) 检漏后继续抽真空。经上述 3 个操作程序后，应继续对空调制冷系统进行抽真空操作，抽真空时间不少于 60min，这样有利于抽空系统中的空气和水分。当抽真空结束时，应首先关闭高、低压手动阀，再关闭真空泵电源开关，切勿将操作顺序颠倒。

7．制冷剂的加注

对汽车空调制冷系统加注制冷剂时，根据制冷剂形态不同，有以下 3 种方法可供选择。

1) 从低压端加注气态制冷剂

从低压端加注气态制冷剂的操作步骤如下。

(1) 检查真空度。系统在抽真空 60min 后，真空泵压力达到 99.1kPa，确认绝无泄漏，才能进行低压加注气态制冷剂的工作。

(2) 按图 3.36 所示接好表阀、制冷剂钢瓶和空调制冷系统高、低压端的检修阀管道。

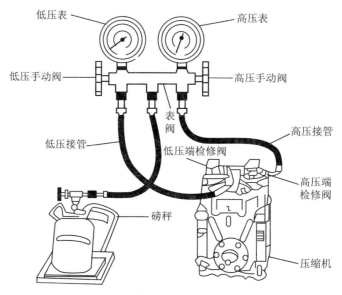

图 3.36　从低压端加注气态制冷剂

(3) 排除管内空气。排除管内空气的方法：关闭高、低压手动阀，拧开高压端检修阀和软管的连接口，打开高压手动阀，再打开制冷剂钢瓶阀，让制冷剂慢慢进入软管。当在软管口听到制冷剂蒸气出来时发出的"嘶嘶"声后，迅速接上高压端检修阀，并关闭高压手动阀。然后用同样的方法排除低压端的管道空气，关好低压手动阀。

(4) 充注气态制冷剂。方法：打开放在磅秤上的制冷剂钢瓶的阀门和低压手动阀，起动发动机，空调功能键置于"A/C"，风扇挡置为"HI（高）"，当充注到预定量时，关闭低压手动阀，观察流过视液镜的情况，检查高压表和低压表的吸、排气压力值（高压表应为 1.01～64MPa，低压表应为 0.12～0.20MPa），充注完毕后，关闭低压手动阀，再关闭制冷剂钢瓶阀，并迅速拆下充注软管，停止空调器工作，停止发动机运转。

2) 从低压端充注液态制冷剂

从低压端充注液态制冷剂的步骤如下。

(1) 抽真空，确保系统在 60min 以内真空泵压力达到 99.1kPa 以上，确认无泄漏后才能进行制冷剂充注。

(2) 按图 3.37 所示接好表阀、制冷剂钢瓶和空调系统的高、低压端管道，并排除管内空气。

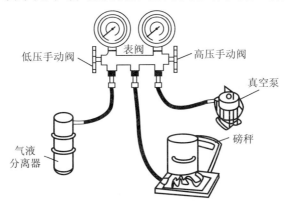

图 3.37　从低压端充注液态制冷剂

(3) 打开直立的制冷剂钢瓶的阀门和低压手动阀，让制冷剂气体进入系统达 3～5min，起动发动机（转速在 1250～1500r/min）和空调器（空调功能键置于"A/C"，风扇挡置于"HI"），将制冷剂钢瓶倒置，让液态制冷剂慢慢进入系统的气液分离器直到足量。

(4) 充注制冷剂完毕后，关闭低压手动阀，观察流过视液镜的情况，检查高、低压表的压力值。符合标准后，关闭制冷剂钢瓶的阀门，拆下软管，停止空调器工作，停止发动机运转。

3) 从高压端充注液态制冷剂

从高压端充注液态制冷剂的步骤：在压缩机工作阀（高、低压阀）上连接好表阀，排除制冷剂注入管道内的空气，然后打开高压手动阀，使其处于全开启状态，并把制冷剂钢瓶倒置，液态制冷剂就会从高压端流入制冷系统，如图 3.38 所示。

8．冷冻机油的加注

在对汽车空调系统重新充注制冷剂时，一般都需要对压缩机加注或补充冷冻机油。其方法如下。

(1) 利用真空泵，将冷冻机油从压缩机低压阀吸入，如图 3.39 所示。

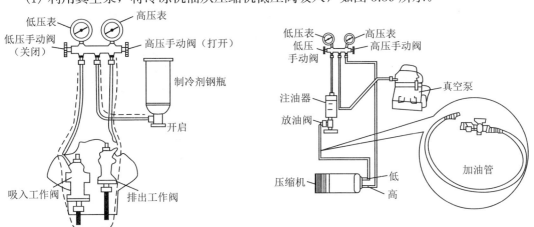

图 3.38　从高压端充注液态制冷剂　　图 3.39　真空泵将冷冻机油从压缩机低压阀吸入

(2) 利用压缩机自身的泵吸作用，将冷冻机油从低压阀处吸入。

注意：此时发动机一定要保持怠速运转。

3.4.4 空调系统的性能测试

空调系统性能测试步骤如下。

(1) 安装歧管量表装置。

(2) 起动发动机，并使发动机的转速维持在2000 r/min，将空调调到最低温度，较大风速。

(3) 打开所有窗、门。

(4) 在空调出气口放一个球泡温度计，在制冷单元的进气口放一个干湿球湿度计，如图3.40所示。

(5) 检查高压量表的读数是14～16bar，如果温度、压力太大，往冷凝器上泼一点水；如果压力太低，盖住冷凝器的前端。

(6) 检查进气口处的球泡温度计的读数是否在25～35℃。

(7) 比较进气口处干湿球湿度计干、湿球的读数，从湿度表上计算相对湿度。在冷风出口测量干球的温度，计算进气口与出气口处干球的温度差，如图3.41所示。

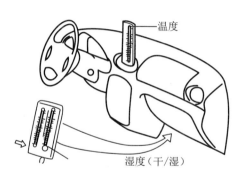

图 3.40　温度及湿度测试

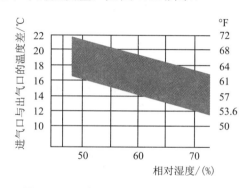

图 3.41　温度差及相对湿度表

(8) 检查相对湿度的交点和温度差是否在黑块区域，如果是则说明空调工作正常。相对湿度计算方法如图3.42所示。

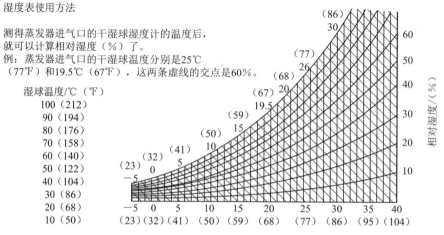

图 3.42　相对湿度计算方法

3.5 典型故障检修案例

1. 汽车空调制冷效果不佳

1) 故障现象

一辆 2005 年款帕萨特 B5 1.8T 轿车,汽车空调制冷效果不佳,甚至出热风。

2) 故障的诊断与排除

上海帕萨特 B5 轿车全部装配自动空调系统,该空调系统的工作均由控制单元控制。

根据上述故障现象,接车后试车,发现空调各个出风口温度比其他车辆明显高。首先用故障诊断仪 VAS 5051 检测,无故障码。接着,检查空调压缩机是否运转;将发动机转速提升为 2500r/min,打开空调,按经验,由于压缩机参与工作,增加了发动机的负荷,发动机转速将下降 300~400 r/min,这是判断空调压缩机是否工作的最简单、有效的方法。从发动机转速说明压缩机吸合,接下来用故障诊断仪读取数据流,选择功能码 08,进入数据流菜单,读取组号 01 的数据,显示为 0,也说明压缩机吸合。

经上述检查后怀疑冷凝器散热不良或管路压力不正常。检查冷凝器,表面清洁,风扇高速运转。检查压力,高压为 1500kPa,低压为 220kPa。压力正常,但为何制冷效果不好,唯一的解释就是管路堵塞。帕萨特 B5 轿车采用的是变排量压缩机,早期的膨胀阀被固定节流管(图 3.43)所代替。制冷剂经过固定截面的节流管由高压变成低压。整个制冷管路中直径最小处就是节流管,于是拆下检查,发现节流管中滤网严重堵塞。更换节流管后故障排除。

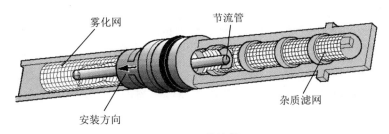

图 3.43 节流管

3) 故障总结

帕萨特 B5 轿车采用变排量压缩机,其系统可根据制冷管路高、低压侧压力来改变活塞的有效行程,从而使管路压力稳定,不会随发动机转速变化而出现压力波动,大大提高空调的稳定性和汽车的燃油经济性。正是因为有这样的优点,才使得管路压力不会因为管路堵塞而出现过高的现象。该故障与常规空调维修不同,读者应加以重视。

2. 汽车空调冷风突然变成热风

1) 故障现象

帕萨特 B5 轿车行驶 10min 后,车上空调冷风突然变成热风,但过一段时间又恢复正常。

2) 故障的诊断与排除

该车制冷系统采用变排量压缩机技术。变排量压缩机排量是根据高压压力与低压压力之差,将排量在 4%~97% 进行调节。

当压缩机刚起动工作时，由于高低压力趋于平衡，压缩机将排量控制在40%～50%工作。随着压缩机的工作，高压压力升高，低压压力降低，高低压差推动压缩机向大排量转移，直至工作到最大排量。但当外界温度过高或冷凝器脏污散热不良时，高压压力将升高，当高压压力达到1.6MPa以上时，压缩机内高压阀打开，串通高低压通道，使高压与低压压差降低，压缩机排量变小，低压升高，高压下降，制冷量下降，热负荷下降，高压压力被限制。

由于以上原因，变排量压缩机制冷系统采用了以下控制。

（1）冷凝器风扇是否启动取决于高压压力。定排量压缩机工作时，冷凝器风扇即开始工作。而变排量压缩机制冷系统为了能使高压快速升高，压缩机初始工作时，冷凝器风扇并不工作，只有当高压压力达到1.4～1.6MPa时，风扇才启动，以降低冷凝器温度。

（2）高压压力过高而产生变排量。为了防止冷凝器及管路损失，当高压压力达到或超过1.6MPa时，压缩机将进行变排量降压，使制冷量下降，出风口温度升高。

经分析认为，此车空调故障是风扇启动过迟或压缩机过早变排量造成的。由于空调风扇启动过迟，当系统压力大于1.5MPa时，冷凝器压力将上升。当超过1.6MPa后，压缩机变排量造成制冷下降，出风温度升高。另外，当压缩机使用一段时间后，内部高压阀弹簧会老化，这样高压限制压力将会降低，因此压缩机就会在风扇启动前进行变排量，使制冷量下降，也会出现制冷不良。

于是对冷却液散热器、冷凝器进行检查，发现冷凝器表面很脏，对其表面进行清洗后，试车，空调工作正常。

3) 故障总结

由于冷凝器脏污造成散热不良，致使管路中的R-134a温度升高，压力升高。而此时风扇并未启动工作，只有在系统压力达到1.5～1.6MPa时才开始工作，相对而言启动过迟，从而使制冷量下降。而一旦风扇工作，温度和压力将随之下降，压缩机再次满负荷工作，制冷量恢复正常。该故障的一般表现是，出风时冷时热，一旦散热严重不良时，空调系统将不工作，这种故障在空调维修中比较常见。

3. 汽车空调面板上按键故障

1) 故障现象

奥迪A6(C5)轿车的空调控制面板上各按键指示灯均点亮，按压各键均无效。

2) 故障的诊断与排除

首先用故障诊断仪VAS 5051检测，发现一个故障码65535（控制单元损坏），于是更换控制单元，但汽车空调工作仍然不正常。

接着用故障诊断仪VAS 5051进行编码和初始设置，按照自诊断步骤08—07进行编码，输入00060，存储。然后按照08—04—001进行初始设置，翻板依次启动：左侧温度翻板V158—右侧温度翻板V159—通风翻板V71—中央翻板V70—除霜翻板V107。空调内外循环方式，温度及风量分配就是由以上5个翻板伺服电动机带动控制翻板来实现的。各翻板在伺服电动机的带动下由当前转动到一个机械止点，然后转动到另一机械止点。空调控制单元将记录下翻板位置传感器的2个机械止点的信号，并作为空调控制单元调节的基准。

编码和初始设置结束后，空调工作正常。

3) 故障总结

大众系列车型（包含奥迪车系）在更换控制单元后，应根据维修手册进行编码和初始设置。对控制单元编码的目的是根据汽车的装备或使用国家要求，通过编码将系统内某些软件调出并使用；进行初始设置的目的是让控制单元学习相应传感器或执行元件的工作特性和参数，以便提高控制单元控制的准确性。

习 题

1. 汽车空调有哪些特点？
2. 膨胀阀的作用是什么？主要有哪两种形式？
3. 应从哪几方面衡量汽车空调系统性能评价指标？
4. 汽车空调系统按功能可分为哪几部分？
5. 空气质量传感器有什么作用？
6. 简述空调制冷工作循环的四个工作过程。
7. 空调制冷系统常用的检漏方法有哪些？
8. 蒸发器出口温度传感器的工作原理是什么？有何作用？
9. 储液干燥器和集液器的作用及区别是什么？

第 4 章
汽车中控门锁与车身防盗系统

本章教学目标

熟悉汽车中控门锁及车身防盗系统的分类、组成及工作原理；
理解无总线控制与总线控制系统的区别；
分析并掌握凯美瑞中控防盗与智能上车控制系统的原理与检修。

本章教学要点

知识要点	能力要求	相关知识
中控门锁与车身防盗系统概述	熟悉汽车中控门锁、车身防盗系统的种类及工作原理	中控门锁与防盗系统组成、工作原理；网络式防盗系统工作原理
丰田汽车无总线控制的中控防盗系统	理解丰田汽车无总线控制的中控门锁与车身防盗系统的组成及工作原理	丰田汽车中控门锁工作原理及过程，遥控防盗门锁系统工作原理及过程
凯美瑞汽车中控防盗及智能上车控制系统	掌握凯美瑞中控防盗及智能上车控制系统组成及工作原理	凯美瑞汽车中控门锁控制系统和智能上车工作原理
中控防盗系统主要部件的检修	掌握中控防盗系统常规检修方法	中控门锁检修方法和车身防盗系统检修方法
典型故障检修案例	掌握汽车中控门锁和车身防盗系统常规检修方法及故障诊断步骤	案例分析

4.1 中控门锁与车身防盗系统概述

汽车正在进入中国千家万户，汽车保有量不断增加，随之而来的治安问题早已引起人们的警觉，从汽车制造厂到用户，汽车防盗问题越来越引起人们的关注。

从 20 世纪 70 年代开始，国外一些中高档轿车陆续采用了电控、电子门锁和电子密码点火开关。70—80 年代，汽车电子锁多采用按键式或拨盘式；80—90 年代，汽车电子锁大多采用电子钥匙式；近年来，触摸式汽车电子锁已开始广泛应用。

汽车中控门锁是指一种通过设在驾驶室门上的开关可以同时控制车门关闭与开启的装置。汽车门锁的发展趋势是由机械式向电子化、智能化演变。目前应用较广泛的是无线电遥控汽车门锁。现在很多汽车将中控门锁和车身电子防盗功能集合在一起，当车主遥控锁门后，报警器即进入警戒状态，此时如有人撬门或用钥匙开门，会立即触发防盗器鸣叫报警，吓阻窃贼行窃。

4.1.1 汽车中控门锁系统

汽车门锁有开锁、闭锁两种状态，闭锁时通过内外把手无法打开车门。中控门锁控制装置是控制门锁状态的电气设备，在汽车电气系统中属于安全、舒适系统。

汽车中控门锁系统按照发展过程一般可分为普通中央控制电动门锁、遥控中控门锁、智能钥匙电子感应式中控门锁。

汽车装备中控门锁后一般可实现下列功能。

1. 中央控制

当驾驶人锁住车门时，所有车门均同时锁住，驾驶人也可通过门锁开关打开所有门锁。

2. 速度控制

当车速达到一定数值时，能自动将所有的车门锁定。

3. 单独控制

为了方便与安全，除中央控制外，乘员仍可利用车门的机械式弹簧锁开关车门。

4. 两级开锁功能

在钥匙联动开锁功能中，一级开锁操作，以机械或遥控方法打开主驾驶侧车门锁；两级开锁操作则同时打开其他车门。一般来说，所有车门都可以通过前右或前左侧门上的钥匙及遥控器同时关闭和打开。

5. 电动车窗不用钥匙的动作功能

驾驶人和乘客侧的车门都关上，点火开关断开后，电动车窗仍可以动作约 60s。

6. 自动功能

在用钥匙或遥控器将门锁打开或锁上时，电动车窗能自动打开或关闭。

4.1.2 汽车车身防盗装置的类型与特点

汽车车身防盗装置经历了机械式、电子式和网络式 3 个发展阶段，目前主要采用电子式,并正逐步向网络式防盗过渡。

1. 机械式防盗装置

机械锁是最早的汽车防盗锁,现已很少单独使用,主要与电子式、芯片式联合使用。它主要是利用简单的机械原理锁住汽车上的某一机构,使其不能有效发挥应有的作用,以达到防盗的目的。

机械式防盗装置主要靠锁定离合器、转向盘、变速杆等来达到防盗的目的,但只能防盗不能报警。其优点是价格便宜,安装简便;缺点是使用不隐蔽,防盗不彻底,拆装较麻烦。机械式防盗装置已经历数次技术升级,目前有了较可靠的转向盘锁和排挡锁等。此外,车主为了增加防盗安全系数,给车辆安装数种机械式防盗装置,这样可在一定程度上增加盗贼被发现的可能性。

国内常见的机械式防盗装置如下。

1) 转向盘锁

如图 4.1 所示,转向盘锁即常见的拐杖锁,锁住转向盘使其不能做大角度转向,有的可直接使转向盘不能正常使用。

2) 轮胎锁

如图 4.2 所示,轮胎锁即用锁具把汽车的一个轮胎固定,使之不能转动。这种方法比较麻烦,而且锁具也很笨重。

图 4.1 转向盘锁

图 4.2 轮胎锁

3) 变速器锁

如图 4.3 所示,通常在停车后,把变速杆推回 P 位或 1 挡位置,加上变速器锁,可使汽车不能换挡。

2. 电子式防盗装置

随着电子技术在汽车上的应用,各种电子式防盗报警器应运而生。它克服了机械锁只能防盗不能报警的缺点,主要靠锁定点火或起动来达到防盗的目的,同时具有声音报警等功能。电子式防盗装置设计先进、结构复杂,包括起动控制、遥控车门和报警三部分。车门控制和报警系统制成一体,报警系统在关闭点火开关,拔下钥匙,并锁定车门、行李箱等后自动进入警戒状态,若车门或发动机盖被强行打开,报警系统将自动报警。

图 4.3 变速器锁

1) 电子式防盗系统的功能

在不同档次的汽车上，电子式防盗系统能够实现的功能是不一样的，大致可分为3类。

(1) 只安装中控门锁和报警装置的防盗系统。该系统利用中控门锁和报警装置联合防盗。当盗贼非法打开车门、行李箱门、发动机罩，强行进入车内，企图起动车辆时，报警装置（喇叭、转向指示灯、前照灯）鸣叫、闪亮以吓阻盗贼。

(2) 装有中控门锁和红外监控的防盗系统。该系统由布置在车辆周围的一组红外传感器构成一道无形帘幕，以监视汽车防盗系统启动后是否有移动物体进入车内。这种防盗系统安全性高，可靠性也比较强，但由于要布置多个红外发射接收装置，其成本较高。

(3) 装有中控门锁、超声波传感器、倾斜传感器、振动传感器监控的防盗系统。该系统一般要增加相应的遥控系统（以决定启动/解除防盗系统）和报警系统（以便在发生危险时能及时发出报警信号），因此成本较高，用户使用不便，而且由于传感器灵敏度难以准确设定，容易误报警或漏报警，安全性较差，而且报警信号对环境也构成一定噪声污染。

2) 电子式防盗系统的基本组成及作用

电子式防盗装置的控制目标是对无授权进入车内、起动汽车和拆卸防盗系统的企图进行监测，在检测到任何无授权侵入行为时，启动报警系统进行声光报警，并阻止汽车起动。其基本结构如图4.4所示。

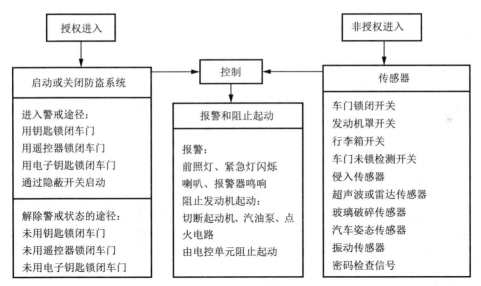

图4.4　电控防盗系统的基本结构

由图4.4所示，可以用钥匙锁闭车门、用遥控器锁闭车门、用电子钥匙锁闭车门及通过隐蔽开关等方式启动防盗系统。启动后，防盗ECU根据车门开关、发动机罩开关、行李箱开关、点火开关和超声波传感器等输入的信号对汽车不正常状态和非授权侵入进行监测，当判定出现不正常状态或非授权侵入时，ECU将通过控制相应继电器使喇叭和报警器鸣响，使车灯和警告灯闪烁，发出声光报警信号，同时利用防盗继电器中断诸如起动机、电动油泵、点火系统等关键电路，使汽车不能起动。有的还可以由发动机ECU阻止汽车起动。声光信号持续报警时间可以进行预设，一般为1～3min。

电控防盗系统一般由主机、感应传感器、门控开关、报警装置等组成。

（1）主机。主机是电控防盗系统的核心和控制中心。其功能是，防盗 ECU 接收各种传感器如防盗传感器、车速传感器、各种门开关及电动机的位置等发送的信号，根据防盗 ECU 中预先存储的数据和编制的程序，通过数学计算和逻辑判断，确定车门是否锁定，车辆是否非法移动、被盗，以便控制各个执行器，从而使汽车处于报警状态。防盗 ECU 除了具有控制功能外，有的还具有故障自诊断功能。

（2）感应传感器。当汽车被移动或车门被非法打开时，传感器将检测到的信号传送给防盗 ECU，防盗 ECU 根据其内部存储的数据进行比较，判断汽车是否正在被盗。如汽车被盗，则防盗 ECU 输出信号，控制报警装置发出声光报警信号，阻止汽车起动。

① 超声波传感器。超声波传感器的工作原理如图 4.5 所示，当门窗玻璃和车门封闭后，超声波发生器将产生固定频率和幅值的超声波，由超声波接收器接收从车内反射的超声波。在正常情况下，反射回来的超声波与发出时的具有固定的相位差；当门窗玻璃或车身被破坏时，固定的相位差关系将被破坏。通过检测超声波发出时和接收时的相位差就可以对门窗玻璃和车身状况及是否有人进入车内进行判定。

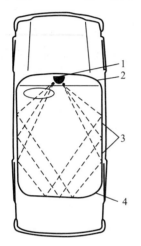

图 4.5　超声波传感器检测原理
1—超声波发生器与接收器；2—前风窗玻璃；
3—车门玻璃；4—后风窗玻璃

② 热释电式红外线传感器（红外探头）。红外探头安装在汽车内部驾驶席附近，工作原理与超声波传感器相似，通过红外辐射变化探测是否有人侵入车内。

③ 振动传感器。振动传感器的作用是检测汽车受到的冲击状况。当汽车受到冲击，其振动达到一定强度时，防盗 ECU 输出信号，控制报警装置报警。振动传感器主要有压电式振动传感器、压阻式振动传感器、磁致伸缩式振动传感器 3 种类型。

④ 玻璃破碎传感器。玻璃破碎传感器用来接收玻璃受撞击和破碎时产生的振动波，然后转换成电信号输出，并将此信号输送给防盗 ECU。

（3）门控开关。门控开关部分包括发动机罩开关、门开关及行李箱开关等。其功能是当所有车门、发动机罩及行李箱关闭时，车主通过报警调制/解除装置将所有车门锁住，汽车防盗报警系统进入预警状态。汽车防盗系统启动后，当盗贼强行将车门打开时，门控开关部分会将检测到的信号送给防盗 ECU，以启动相应的防盗措施。

（4）报警装置。报警通常采用喇叭鸣叫和灯光闪亮的方式，也有采用专用喇叭与普通喇叭进行组合的报警方式。此外，还设有专用警笛或者向车主用电波报警的方式，利用电波在电子地图上显示被盗汽车的位置，并向警方报警。

3．网络式防盗装置

网络式汽车防盗装置利用 GPS（卫星定位系统）对汽车进行监控，以达到防盗目的。该防盗装置不但可以锁定汽车点火或起动，还可以通过 GPS（或其他网络系统）将报警信息和报警汽车所在位置传送到报警中心。

网络式防盗装置突破了距离限制，覆盖范围广，可用于被盗汽车的追踪侦查，可全天候应用，破案速度快，监测定位精度高。它一改传统防盗装置孤立无助的被动式服务，能为车主提供全方位的主动式服务，是目前其他类型汽车防盗装置所不能比拟的。

1）移动通信（GSM、CDMA）汽车防盗系统

无线通信手机报警器具有汽车遥控报警器的所有功能，而且基本实现了不受距离限制的双向报警控制功能，可以使用车载电话，也可以监听车内动静等。无线通信手机报警器就像是为汽车专门配置了一部手机，使用过程中需装入 SIM 卡，和使用手机一样，需交纳通信费用才能正常使用。

移动通信汽车防盗系统组成如图 4.6 所示。它由车载设备、公网设备（通信部分）、接警控制或监控中心组成。

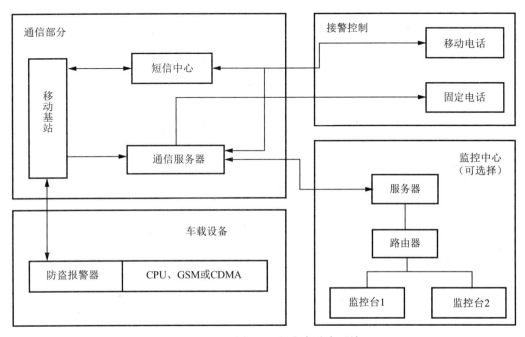

图 4.6　GSM（CDMA）汽车防盗系统

（1）车载设备。车载设备一般由中央控制单元（CPU）、GSM 或 CDMA 手机通信模块、汽车遥控防盗报警器等组成，主要有防盗报警和通话功能。

（2）公网设备。公网设备就是现有的 GSM 或 CDMA 通信网络，主要实现无线数据传输（语音和短信方式）功能。

（3）接警控制。接警控制为现有 GSM 或 CDMA 手机、固定电话或组建控制中心，对车载设备进行监视、监听或控制。

2）GPS 网络式汽车防盗系统

GPS 网络式汽车防盗系统是通过全球卫星定位技术，通过地面网络（控制基站）全面获取报警信息，监控车辆状态，控制车辆防盗系统。

GPS 的工作原理是利用接收卫星发射的信号，与地面监控设备和 GPS 信号接收机组成全球定位系统，卫星可连续不断地发送动态目标的三维位置、速度和时间信息，保证车辆在地球上的任何地点、任何时刻都能收到卫星发出的信号。

车辆上安装 GPS 车载机再配上相应的信号传输通路（如 GSM 移动通信网络和电子地图），建立一个专门接收和处理各个移动目标发出的报警和位置信号的监控室，就可形成

一个卫星定位的移动目标监控系统。

GPS汽车防盗报警器除具有无线通信手机报警的功能外，还具有卫星定位、车载电子地图、信息服务等诸多功能。它通过地面基站（服务中心）对车辆进行跟踪控制。

GPS汽车防盗系统组成如图4.7所示，它由车载终端设备、无线数据链路和监控中心组成。

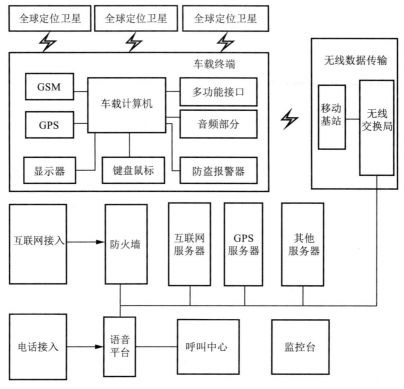

图4.7 GPS汽车防盗系统组成

（1）车载终端设备。车载终端设备一般由CPU、显示单元（可选）、GPS、GPS天线、GSM（或其他通信模块）、防盗报警器等组成，主要有通话、防盗报警、追踪、定位、信息导航、车辆调度等功能。车载终端机还具有电子地图、菜单指令、交互式信息点播、娱乐、日常事务处理等各种功能。

（2）无线数据链路。无线数据链路是指无线数据传输（网络途径）设备。现在使用的公网设备主要有GSM（或CDMA）无线通信网或CDPD无线数据公网，也可使用其他专用通信通道。

（3）监控中心。监控中心主要由前端接入设备、业务处理终端、监控终端机等组成。此外，还需要专用数据库、电子地图及针对各种服务需求的应用软件。监控中心的主要功能是实现报警监控、车辆调度、信息查询或其他一些方面的服务。

GPS网络式防盗系统利用遥控技术、电子地理信息系统、计算机识别与控制技术、全球卫星定位系统等高新技术，在城市及周边地区织起了一张防盗网。只要汽车被盗，指挥中心在几秒钟内就会从计算机中获取车号、车速、汽车行驶路线等信息,并实施跟踪等相应的追捕措施。

中心网络系统由收警平台和电子地图等组成。收警平台接收到"报案"信息后,工作人员很快便能在电子地图上查找到被盗车辆,并开始调动附近的警力或中心监测车辆,实地出动进行跟踪,直到将其截获。

4.2 丰田汽车无总线控制的中控防盗系统

4.2.1 中控门锁及遥控门锁控制系统

中央门锁及车身防盗系统布置如图4.8所示。车门锁控制系统具有钥匙联动锁门和开门功能及钥匙禁闭预防功能。所有车门可以通过操纵前右或前左侧门上的钥匙同时关闭和打开。若已执行了锁门操作,而一侧前门打开,并且点火开关钥匙仍插在锁芯内,则所有车门会自动打开,以防止点火开关钥匙遗忘在汽车内,行李箱门可以通过电磁开启器打开。中控门锁电路图如图4.9所示。

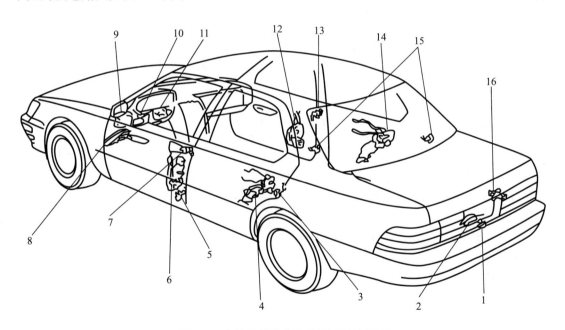

图4.8 中控门锁及车身防盗系统布置图

1—行李箱门控灯开关;2—行李箱门开启器电磁线圈;3—门控灯开关(左后);
4—门锁电动机、位置开关(左后门);5—门控灯开关(左前);6—门锁电动机、位置开关、门锁开关(左前门);
7—钥匙操纵开关;8—熔断器盒;9—防盗和门锁控制ECU;10—防盗指示灯;11—点火开关;
12—门锁电动机、位置开关、门锁开关(右前门);13—钥匙操纵开关;14—门锁电动机、位置开关、门锁开关(右后门);
15—门控灯开关(右前、右后);16—行李箱门钥匙操纵开关

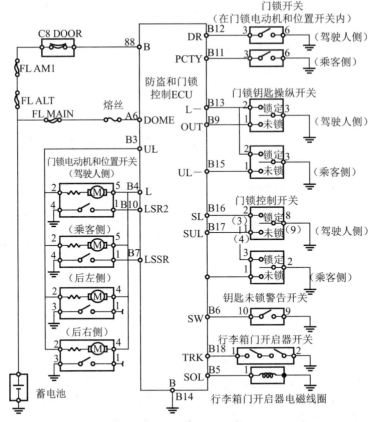

图 4.9 中控门锁电路图

除用手动方式锁门和开门外,还可以通过无线遥控方式开启和关闭车门及遥控开启行李箱。门锁无线控制系统通过设在主点火钥匙内的发送器发出的无线电波可在一定距离锁住和打开所有车门。无线电波(每把钥匙代码不同)借助后窗除雾电热丝进入接收器,然后将信号传递至防盗 ECU,防盗 ECU 向门锁电动机发出锁门和开锁指令,执行锁门和开门动作,用遥控方式锁门的同时,车身防盗系统自动启动。

无线遥控门锁系统控制流程如图 4.10 所示,其零部件在车上位置如图 4.11 所示,系统电路如图 4.12 所示。

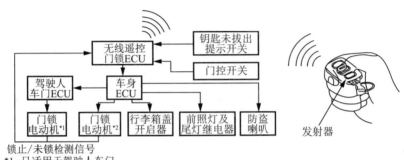

图 4.10 无线遥控门锁系统控制流程图

汽车中控门锁与车身防盗系统 第 4 章

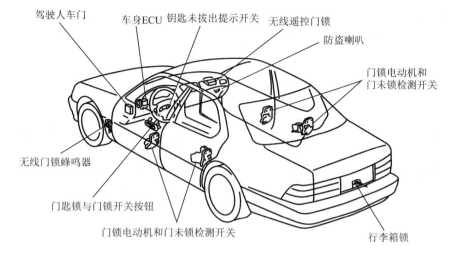

图 4.11　无线遥控门锁系统零部件在车上位置

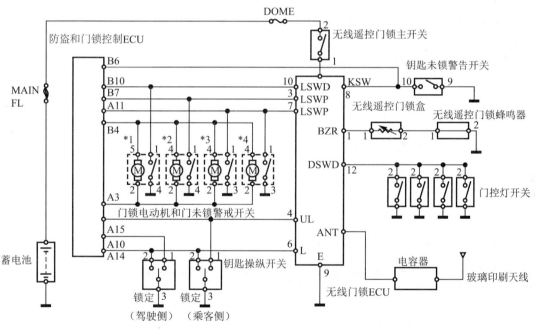

*1：前左侧　*3：后左侧
*2：前右侧　*4：后右侧

图 4.12　无线遥控门锁系统电路图

4.2.2　遥控发射器及车身防盗系统

进入车身防盗及解除车身防盗状态是利用遥控器锁门及解锁方式实现的。

遥控发射器也称遥控器或遥控钥匙，其功能是利用遥控器发射的遥控信号，控制驾驶员车门、其他车门及行李箱门等的开启和锁闭，同时使车身防盗系统进入工作状态或解除

97

防盗。有些国家和地区的遥控器上设有紧急开关，可激活所有型号车辆上的防盗系统安全警报器且具有寻车功能。遥控器分为分开型和组合型（遥控器与点火钥匙合二为一）两种，如图4.13所示。

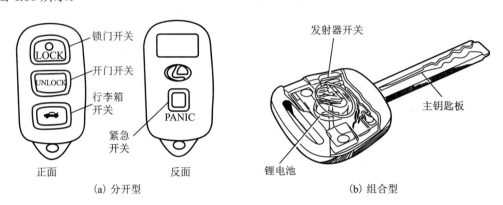

图4.13 遥控发射器

利用遥控器可实现如下功能：
1) 正常工作
通常按下遥控器上的一个开关，便可实现相应的功能，见表4-1。

表4-1 遥控门锁功能表

功能	工作过程
全部门上锁	按下遥控器上的"锁门"开关，锁上所有的门
2级开锁	按下遥控器上的开门开关一次，只对驾驶人的门开锁；而在3s内按下两次就可打开所有的门
行李箱开启	持续按下遥控器上的行李箱开关多于2s，打开行李箱
寻车	当全部门关上并锁上时，按下遥控器上的锁门开关，可使前照灯和尾灯闪烁两次
紧急报警	当防盗系统已设定，按下遥控器上的紧急开关可激活防盗系统的警报

2) 内部灯功能
车门由遥控器开关操作开锁的同时，内部灯发亮15s。
3) 自动上锁功能
如果没有车门在被无线遥控门锁开锁后30s内打开，则全部门会自动重新锁上。
4) 遥控器开关防止误操作功能
当点火钥匙插入点火锁时，无线遥控门锁会被临时取消以防止误操作。
5) 频繁工作预防功能
接收器在收到第一个正确密码之后，拒绝接收随后的密码信号，直到相同密码中止发射0.5s或更长时间，以防止频繁工作。在如图4.14所示的例子中，第一及第四个密码被接收而第二及第三个密码不被接收。

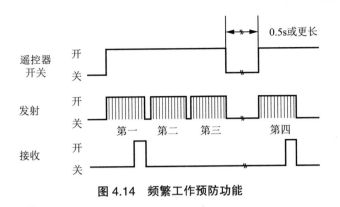

图 4.14 频繁工作预防功能

6) 安全功能

当无线门锁 ECU 在 10min 内接收到 10 个以上的错误密码时,它判断这是盗车企图并立刻中断接收。当这一情况发生时,ECU 会拒绝包括正确密码在内的所有密码。

在图 4.15 所示的例子里,密码 A 是正确密码,其他所有密码(从 B 到 K)是错误密码。当接收到密码 K(在此例中是第 10 个不同的密码)时,系统停止接收。如果在接收到少于 10 个不同密码(在图 4.15 中是从 B 到 G 的 6 个密码)后接收到一个正确密码(密码 A),则密码队列被取消,系统继续接收密码。

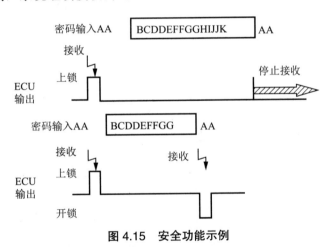

图 4.15 安全功能示例

车身防盗系统采用车门锁控制系统元件和其他元件。当车身进入防盗状态时,如有人企图不用钥匙强行进入汽车或打开发动机罩或行李箱门时,或当蓄电池端子被拆下又重新连接时,防盗系统会使喇叭发声,并闪烁前照灯和尾灯约 1min 作为报警。与此同时,系统关闭所有车门并断开起动机电源。

防盗门锁控制 ECU 有两个控制模式:门锁控制模式和防盗模式。门锁控制模式,其功能与普通门锁控制系统一样。防盗模式,其功能与防盗系统一样防止车辆被盗。防盗模式禁止由门锁控制开关对车门进行上锁及开锁或由行李箱盖开启开关对行李箱盖开锁。防盗系统电路图如图 4.16 所示。

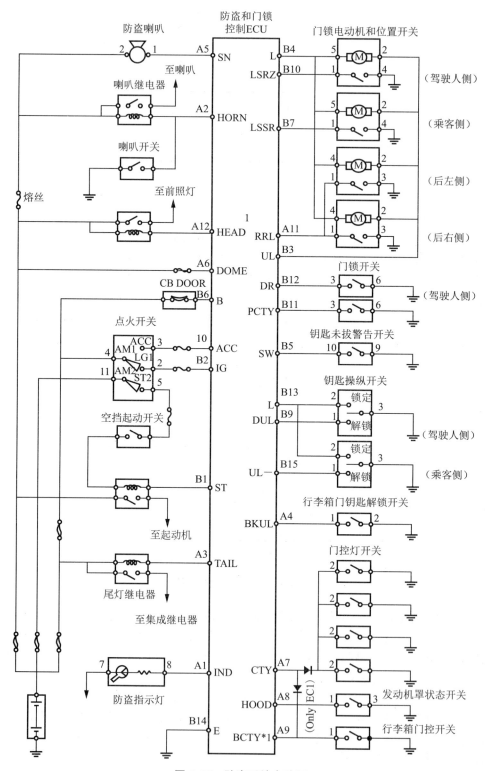

图 4.16 防盗系统电路图

4.3 凯美瑞汽车中控防盗及智能上车控制系统

4.3.1 凯美瑞汽车中控门锁控制系统

凯美瑞汽车中控门锁控制系统由主车身 ECU（仪表板接线盒）控制。主车身 ECU 向各门锁电动机输出信号。凯美瑞汽车中控门锁控制系统的功能见表 4-2。

表 4-2 凯美瑞汽车中控门锁控制系统功能

功能	概要	定制①
手动解锁禁止功能	用遥控器（无线遥控）或钥匙执行门锁操作时，将会禁止门锁控制开关（门装内锁开关）进行解锁操作	标准（不可定制）
钥匙联动锁止	该功能与锁芯联动，可在锁止操作起作用时锁止所有车门	标准（不可定制）
钥匙联动解锁	该功能可在钥匙转进锁芯一次时，解锁所有车门	标准（不可定制）
钥匙受限防止功能	钥匙在车内检测区域且驾驶人侧车门打开时进行门锁操作，则所有车门将解锁	标准（不可定制）
换挡联动自动车门锁止	连续满足以下所列条件时，该功能将使所有车门自动锁止：(1) 电源开关从 OFF 或 ON（ACC）位置切换至 ON（IG）位置；(2) 所有车门关闭；(3) 变速杆移出 P 位；(4) 任一车门处于解锁状态	③
速度感应自动车门锁止	满足以下所列条件时，该功能将使所有车门自动锁止：(1) 车速高于 20km/h；(2) 所有车门关闭；(3) 变速杆置于 P 位以外的位置；(4) 任一车门处于解锁状态	②
换挡联动自动车门解锁	电源开关置于 ON（IG）位置且变速杆移至 P 位时，所有车门将自动解锁	②
驾驶人侧车门开启联动自动车门解锁	电源开关从 ON（IG）位置切换至 ON（ACC）或 OFF 位置后 10 s 内打开驾驶人侧车门时，所有车门自动解锁	③

①表示通过定制车身电气系统可启用或禁用定制功能。
②表示默认设定为启用。
③表示默认设定为禁用。

电动门锁控制系统元件位置如图4.17所示。

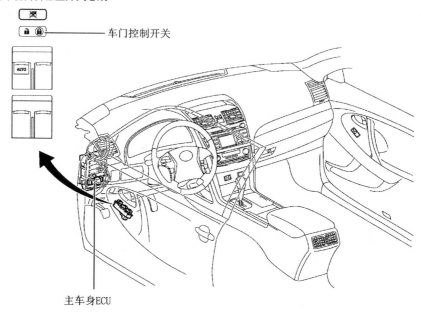

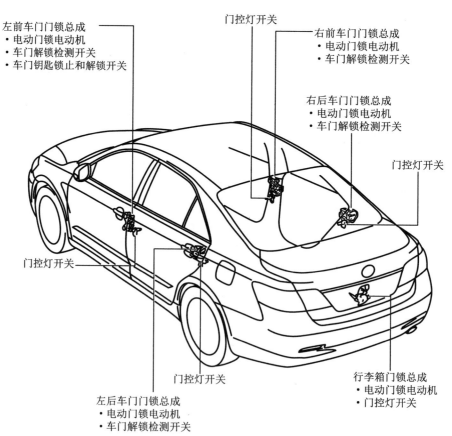

图4.17 凯美瑞汽车电动门锁控制系统元件位置示意图

电动门锁控制系统的工作原理如图 4.18 所示。电动车窗升降器主开关总成上的车门控制开关向主车身 ECU 发送"锁止、解锁"请求信号。然后主车身 ECU 立即对这些输入信号做出响应,向各门的门锁电动机发送动作信号,以锁止、解锁所有车门。当使用机械钥匙操作驾驶人侧门锁时,车门钥匙锁止和解锁开关向主车身 ECU 发送请求信号以锁止、解锁车门。

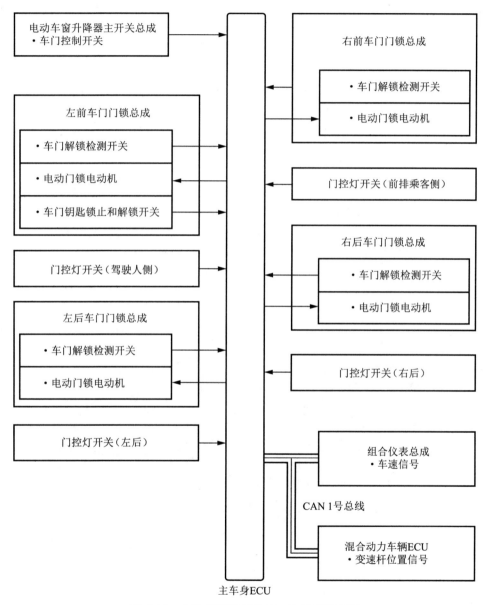

图 4.18 电动门锁控制系统工作原理示意图

电动门锁系统主要部件的功能如下。
1)电动车窗升降器主开关总成(车门控制开关)
电动车窗升降器主开关上的车门控制开关锁止、解锁所有车门。

2) 车门门控灯开关

车门门控灯开关位于各车门上,检测车门状态(打开或关闭),并向主车身 ECU 输出数据。

3) 左前(驾驶人侧)车门门锁总成

左前车门门锁总成内部由电动机、车门控制开关、位置开关等组成。电动机用以锁止、解锁车门;车门控制开关(钥匙联动)用于检测车门钥匙操作的车门状态(锁止或解锁),并且向主车身 ECU 发送数据;位置开关用来检测车门状态(锁止或解锁),并向主车身 ECU 发送数据,车门锁止时此开关关闭,车门解锁时此开关打开。

4) 前排乘客侧门锁、左后和右后车门门锁

前排乘客侧门锁、左后和右后车门门锁内部由电动机、位置开关等组成。电动机用以锁止、解锁车门;位置开关用于检测车门状态(锁止或解锁),并向主车身 ECU 发送数据,车门锁止时此开关关闭,车门解锁时此开关打开。

4.3.2 凯美瑞汽车遥控门锁控制系统

遥控门锁控制系统可以从远处锁止和解锁所有车门。该系统由电子钥匙遥控发射器控制,遥控器向车门控制接收器发送无线电波。认证 ECU(智能钥匙 ECU 总成)执行识别码识别过程,并将来自车门控制接收器的遥控门锁控制信号通过总线传送至主车身 ECU,主车身 ECU 对各输入信号加以识别处理,控制门锁及闪光灯工作。系统元件位置如图 4.19 所示。

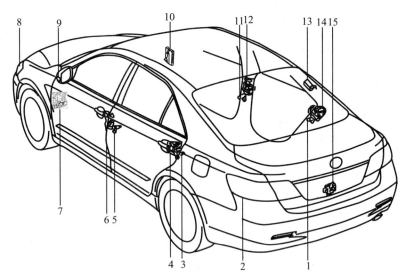

图 4.19 遥控门锁控制系统元件位置示意图

1—右后门门控灯开关;2—后组合灯总成(危险警告灯);3—左后门门控灯开关;4—左后门门锁;
5—左前门门控灯开关;6—左前门门锁;7—主车身 ECU;8—前照灯总成(危险警告灯);
9—侧转向信号灯总成(危险警告灯);10—认证 ECU;11—右前门门控灯开关;12—右前门门锁;
13—车门控制接收器;14—右后门门锁;15—行李箱门锁

遥控器由机械钥匙、用于遥控门锁控制的发射器及用于智能上车和起动系统的收发器芯片组成,如图 4.20 所示。

机械钥匙可操作驾驶人侧车门锁芯、行李箱门、行李箱存储延展部分锁芯和杂物箱锁芯，但不能用于起动混合动力控制系统。

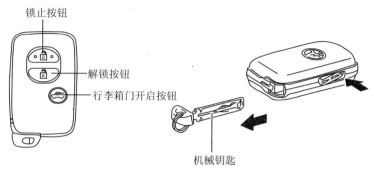

图 4.20　遥控发射器

遥控门锁控制的遥控器由锁止按钮、解锁按钮和行李箱门开启按钮组成。钥匙的收发器接收来自振荡器的信号，并将识别码发回到车门控制接收器。发动机停机功能所用的收发器芯片将信号发回电源开关，以响应从电源开关接收的无线电波。

遥控门锁控制系统工作原理如图 4.21 所示，主要部件的功能如下。

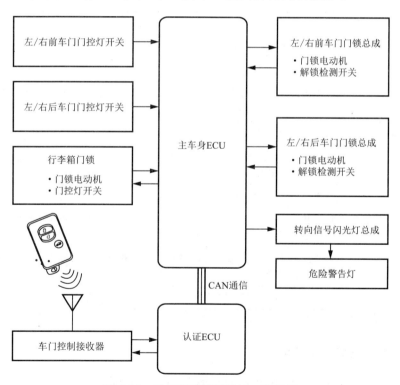

图 4.21　遥控门锁控制系统工作原理

1）车门控制发射器

车门控制发射器包括锁止、解锁和行李箱开启开关，向车门控制接收器发送弱无线电波（识别码和功能码）。

2) 车门控制接收器

车门控制接收器从电子钥匙发射器接收弱无线电波并将它们发送到认证ECU。

3) 门控灯开关

门控灯开关包括前门门控灯开关、后门门控灯开关、行李箱门控灯开关,它们向主车身ECU发送车门状态代码(打开或关闭)。

4) 解锁检测开关

解锁检测开关向主车身ECU传输各车门门锁位置信息。

5) 认证ECU

认证ECU接收来自车门控制接收器的代码数据和来自各个ECU的信号,发送遥控门锁控制信号。

6) 主车身ECU

主车身ECU通过车门控灯开关判断各车门状态,通过总线接收来自认证ECU的门锁控制信号,控制门锁电动机开锁或解锁,控制警告灯闪烁。

利用电子钥匙遥控发射器可以控制车门锁止、解锁和行李箱开启。遥控门锁控制系统的功能见表4-3。

表4-3 遥控门锁控制系统功能

功能	工作情况
所有车门锁止	按下锁止开关锁止所有车门
所有车门解锁	按下解锁开关解锁所有车门
自动重新锁止	用遥控门锁控制功能解锁车门后,如果在30s内未打开任何车门,则所有车门将再次自动锁止
行李箱门打开	按住钥匙的行李箱开启按钮约1s以上,将打开行李箱门
应答	用遥控操作锁止车门时,危险警告灯闪烁一次。 用遥控操作解锁车门时,危险警告灯闪烁两次
上车照明	所有车门锁止时,按下解锁开关进行解锁操作的同时,车内照明灯会点亮
电动车窗和滑动天窗打开和关闭	按下解锁开关并持续2.5s或更长时间,打开所有电动车窗和滑动天窗 按下锁止开关并持续2.5s或更长时间,关闭所有电动车窗和滑动天窗
重复	如果用钥匙进行锁止操作,但车门并未锁止,则主车身ECU将在1s后再次输出锁止信号
安全	发送车门锁止、解锁操作请求信号,作为转动代码

注:表中功能的默认设定为ON,部分功能可以定制。

4.3.3 凯美瑞汽车智能上车系统

凯美瑞汽车除了具备传统机械钥匙和遥控门锁控制功能以外,还具有智能上车功能。该系统在不操作钥匙的情况下可以进行车门锁止、解锁、转向锁解锁和行李箱门开启等功能。

该系统由认证ECU控制。认证ECU在其中一个检测区域内检测到智能上车和起动系统存在时,识别并检查识别码,然后按照其功能将工作信号输出至相关的ECU。

执行智能上车和起动系统功能时，遥控发射器的收发器功能接收来自振荡器的信号并将识别码发送到调谐器。

检测区域由5个振荡器（1个车门振荡器、2个行李箱振荡器和2个车内振荡器）组成。检测区域如图4.22所示。

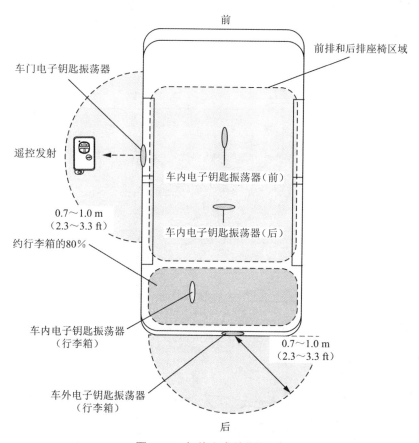

图4.22 智能上车检测区域

智能上车和起动系统主要有遥控门锁功能、发动机停机功能、起动功能和上车功能。本节主要介绍智能上车控制系统。

仅当钥匙处于由5个振荡器形成的执行区域时，智能上车和起动系统的特殊功能才能起作用。

车内电子钥匙振荡器（前、后和行李箱）形成车内执行区域。驾驶人侧车门打开或关闭时、按下电源开关时、警告激活时或车门外把手上的锁止开关打开时，形成车内电子钥匙振荡器（前和后）的车内执行区域。

车门电子钥匙振荡器和车外电子钥匙振荡器（行李箱）形成上车功能的车外执行区域。由驾驶人侧车门电子钥匙振荡器和车外电子钥匙振荡器（行李箱）形成的车外执行区域距驾驶人侧车门外把手或后保险杠中央0.7～1.0m。

驾驶人侧车门区域：电源开关置于OFF挡且各车门锁止时，通过每0.25s发射一个请求信号形成驾驶人侧车门电子钥匙振荡器的车外执行区域。这样能检测钥匙的接近度。使用车门外把手的锁止开关锁止车门时，在锁止开关按下时形成执行区域。

行李箱门区域：行李箱门开启开关打开时，形成车外电子钥匙振荡器（行李箱）的车外执行区域。

智能上车系统主要部件的布局如图4.23所示，各部件功能见表4-4。

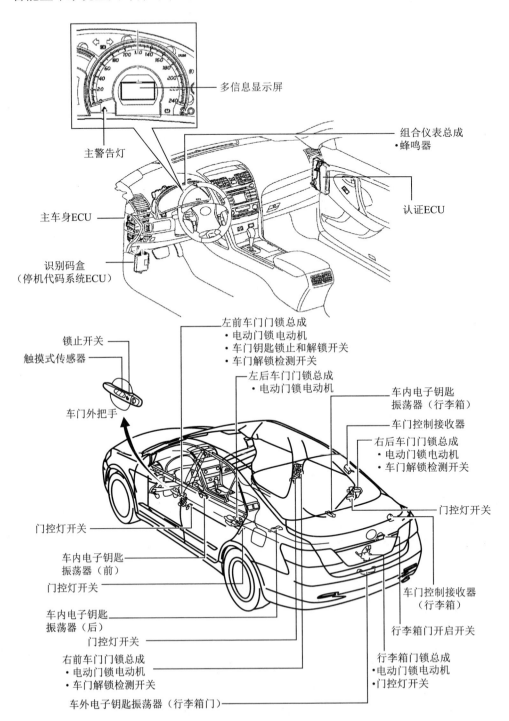

图4.23　智能上车系统主要部件的布局

表4-4 智能上车系统部件功能表

零部件		功能
钥匙		①接收到车内和车门振荡器输出的请求信号时，输出如钥匙识别码和车辆识别码等信息；②驾驶人按下钥匙上的锁止、解锁或行李箱门开启按钮时，输出请求信号；③接收到电源开关中的收发器钥匙放大器输出的无线电波时，输出如钥匙识别码和车辆识别码等信息；④钥匙电池电量低时集成机械钥匙以解锁车门
主车身ECU		①接收来自认证ECU的请求信号，并驱动门锁电动机以解锁或锁止所有车门和行李箱门；②将各车门状态和行李箱门状态发送至认证ECU
认证ECU		①认证来自车门控制接收器的识别码，并将认证结果发送至停机系统代码ECU和转向锁止ECU；②控制振荡器和触摸式传感器；③在执行上车功能时，发送车门锁止、解锁请求信号
识别码盒（停机系统代码ECU）		接收来自认证ECU的转向解锁或混合动力控制系统的停机系统解除信号并进行认证，再将解除信号发送到转向锁止ECU（转向锁止执行器总成）或混合动力车辆控制ECU
驾驶人侧车门外把手	车门电子钥匙振荡器	接收来自认证ECU的请求信号，并在车门周围形成执行区域
	天线	发送请求信号
	锁止开关（左侧车门外把手总成）	将车门锁止请求信号发送至认证ECU
	触摸式传感器（左侧车门外把手总成）	检测到有人触摸车门外把手的内侧
车外电子钥匙振荡器（行李箱）		接收来自认证ECU的请求信号，并在行李箱门周围形成执行区域
车内电子钥匙振荡器（前和后地板）		接收来自认证ECU的请求信号，并在车辆内部形成执行区域
车内电子钥匙振荡器（行李箱）		接收来自认证ECU的请求信号，并在行李箱内形成执行区域
车门控制接收器		接收来自钥匙的识别码，并将其发送至认证ECU
行李箱门外部开启开关		将行李箱门打开请求信号发送到认证ECU
车门控制接收器（行李箱）		接收来自行李箱内钥匙的识别码，并将其发送至车门控制接收器
组合仪表总成	蜂鸣器	组合仪表总成鸣响且同时点亮，以告知驾驶人智能上车和起动系统中存在故障
	主警告灯	
	多信息显示屏	出现警告信息以警告驾驶人

智能上车控制系统工作原理如图4.24所示。

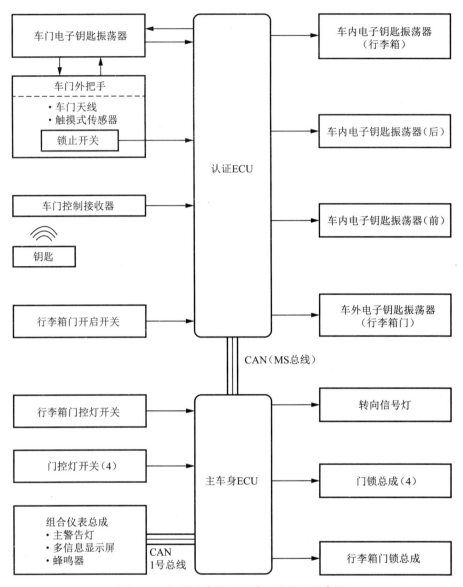

图 4.24　智能上车控制系统工作原理示意图

智能上车系统主要包括以下功能。

遥控门锁控制：该功能可以方便地在一定距离内锁止和解锁所有车门。该功能的操作与遥控门锁控制系统的操作相同。

上车照明：钥匙进入驾驶人侧车门电子钥匙振荡器的车外执行区域时，车内照明灯和电源开关照明灯点亮。人员携带钥匙进入检测区域时，车门将进入解锁备用模式且前阅读灯将点亮。如果钥匙不在检测区域持续 3s 或更长时间，则照明功能不工作。

上车解锁：钥匙位于驾驶人侧车门电子钥匙振荡器的车外执行区域时，触摸驾驶人侧车门外把手内侧后，所有车门将解锁。

上车锁止：钥匙位于驾驶人侧车门电子钥匙振荡器的车外执行区域且电源开关置于 OFF 位置时，仅按下驾驶人侧车门外把手上的锁止开关即可锁止所有车门。钥匙位于车外电子钥匙振荡器（行李箱门）的车外执行区域时，仅按下行李箱门开启开关即可手动打开行李箱门。

钥匙受限防止功能：防止在钥匙仍在车内时使用驾驶人侧车门外把手锁止车门而导致钥匙被锁在车内。如果钥匙仍在行李箱内时行李箱门关闭，则在此期间的 2s 内操作行李箱门开启开关，可打开行李箱门。如果试图在钥匙处于车厢内时通过无钥匙操作锁止车门（将门锁开关切换到锁止位置然后关闭车门），则该系统将判定钥匙仍在车厢内并解锁车门。

蓄电池节电：如果将钥匙留在驾驶人侧车门电子钥匙振荡器的车外执行区域范围内，系统会与钥匙保持定期通信，如果车辆长时间在此状态下驻车，则钥匙电池和车辆辅助蓄电池电量可能耗尽。

智能上车系统上车解锁工作过程如图 4.25 所示。

（1）为检测携带钥匙者，车门锁止时，当钥匙进入驾驶人侧车门的车外执行区域时，通过车门电子钥匙振荡器和认证 ECU 之间的通信形成检测区域。认证 ECU 判断并验证来自车门控制接收器的钥匙识别码。完成匹配操作后，车门将进入解锁备用模式。

（2）确认钥匙认证正常后，认证 ECU 将解锁准备信号发送至相应车门的触摸式传感器。

（3）同时认证 ECU 将照明信号发送至车内照明灯（电源开关照明灯和车内照明灯），并点亮照明灯（上车照明功能）。

（4）如果在此情况下触摸触摸式传感器，则认证 ECU 将车门解锁请求信号发送至主车身 ECU，并解锁所有车门。

（5）主车身 ECU 闪烁危险警告灯两次，作为对上车解锁的应答。

（6）如果解锁操作后未打开任一车门，则大约 30s 后，所有车门自动锁止。

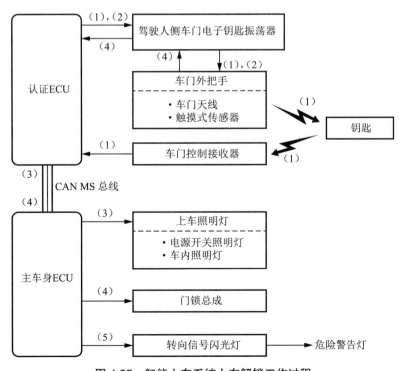

图 4.25　智能上车系统上车解锁工作过程

智能上车系统上车锁止工作过程如图4.26所示。

(1) 如果所有车门关闭,驾驶人(携带钥匙)下车并按下锁止开关时,该信号发送至认证ECU。

(2) 认证ECU将请求信号发送至车内电子钥匙振荡器(前、后和行李箱)和驾驶人侧车门电子钥匙振荡器,以形成执行区域。

(3) 钥匙接收该信号,并将识别码发回车门控制接收器。

(4) 认证ECU判断并认证识别码,再检查钥匙的位置(根据车门电子钥匙振荡器和车内电子钥匙振荡器发出的信息来判定钥匙在车厢内还是在车厢外),然后进行识别码的匹配操作。匹配结果显示钥匙和车内电子钥匙振荡器的识别码不匹配而与车门电子钥匙振荡器的识别码匹配时,则认证ECU将车门锁止请求信号发送至主车身ECU。

(5) 主车身ECU接收该信号并驱动锁止电动机。

(6) 主车身ECU闪烁危险警告灯一次,作为对上车锁止功能的应答。

(7) 如果钥匙位于车厢内,车门锁止功能将不工作。

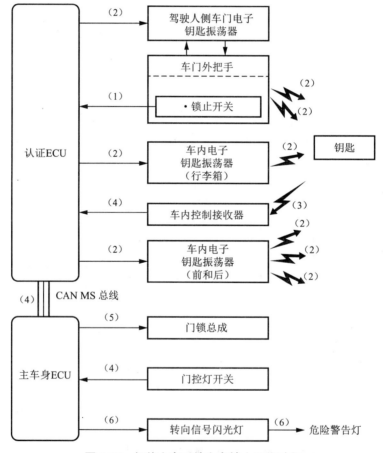

图4.26 智能上车系统上车锁止工作过程

智能上车系统行李箱打开工作过程如图4.27所示。

(1) 驾驶人(携带钥匙)按下行李箱外的行李箱门开启开关时,开始匹配车外电子钥匙振荡器（行李箱）的识别码。如果识别码匹配，则执行行李箱门开启操作。此时该信号发送至认证 ECU。

（2）认证 ECU 向所有电子钥匙振荡器发送请求信号以形成执行区域。

（3）钥匙接收该信号，并将识别码发回车门控制接收器。

（4）认证 ECU 判断并认证识别码，然后检查钥匙的位置。认证 ECU 将行李箱门开启信号发送至主车身 ECU。

（5）主车身 ECU 接收该信号并驱动行李箱门解锁电动机以打开行李箱门。

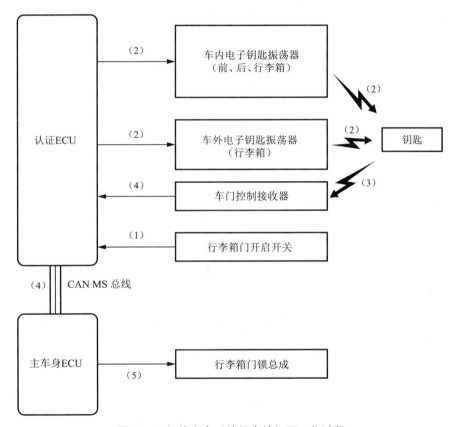

图 4.27　智能上车系统行李箱打开工作过程

智能上车系统车窗关闭工作过程如图 4.28 所示。

（1）所有车门锁止后，驾驶人按住驾驶人侧车门外把手上的锁止开关约 3s，认证 ECU 持续接收门锁开关打开信号。

（2）认证 ECU 将这些信号发送至主车身 ECU。

（3）主车身 ECU 将车窗关闭请求信号发送至内置于电动车窗电动机总成的电动车窗 ECU。电动车窗 ECU 操作电动机以关闭驾驶人侧车门窗。

（4）车窗关闭后，主车身 ECU 接收来自电动车窗 ECU 的全关信号。

如果智能上车系统电动车窗功能正在工作，而且驾驶人侧车门外把手总成（锁止开关）松开，则上车电动车窗操作将停止。

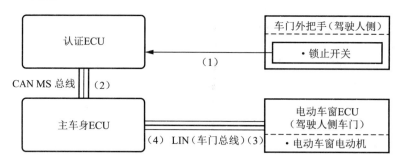

图 4.28 智能上车系统车窗关闭工作过程

各控制单元通信情况见表 4-5。

表 4-5 智能上车各控制单元通信表

发射 ECU（发射器）	接收 ECU	信号	通信方法
主车身 ECU	认证 ECU	门控灯开关信号	CAN
		门锁输出信号	
		行李箱门输出请求信号	
		遥控门锁蜂鸣器请求信号	
		门锁位置开关信号	
		驾驶人侧车门钥匙操作开关信号	
认证 ECU	主车身 ECU	照明灯请求信号	CAN
		车门锁止、解锁请求信号	
认证 ECU	组合仪表总成	仪表蜂鸣器单音请求信号	CAN（主车身 ECU 为网关）
		仪表蜂鸣器间歇音请求信号	
		仪表蜂鸣器连续音请求信号	
		钥匙丢失警告信号	
		钥匙电池电量低警告信号	
		转向锁故障警告信号	
		转向锁未解锁警告信号	
		变速杆位置警告信号	
		紧急操作支持显示请求信号	
		混合动力控制系统起动方法显示请求信号	
组合仪表总成	认证 ECU 主车身 ECU	车速信号	CAN（主车身 ECU 为网关）
转向锁止 ECU（转向锁止执行器总成）	认证 ECU	加密代码信号	LIN
		加密代码完成信号	
		加密计算固定编号存储请求信号	
		上车控制期间信号	

续表

发射 ECU（发射器）	接收 ECU	信号	通信方法
识别码盒（停机系统代码 ECU）	认证 ECU	匹配请求随机数字信号	LIN
认证 ECU	主车身 ECU	停机系统 ID 上车请求信号	LIN
		钥匙代码检查信号	
认证 ECU	识别码盒（停机系统代码 ECU）	重播代码信号	LIN

4.3.4 凯美瑞汽车车身防盗系统

使用遥控发射器锁止车门时，可设定防盗系统。系统处于警戒状态时，有人试图强行进入车辆、打开发动机罩、不使用钥匙解锁车门或拆下并重新连接辅助蓄电池端子时，防盗系统会鸣响警报。在警报鸣响状态下，系统使危险警告灯闪烁。同时，系统会每隔约0.4s鸣响车辆喇叭和防盗喇叭，以阻止非法闯入和盗窃，直到30s后没有异常情况后解除。在警戒状态下，如果钥匙不在执行区域时有任何车门被解锁，系统会输出一个强行锁门信号。如果通过钥匙操作解锁任一车门，则强行锁门控制不工作。

防盗系统为所有车型的选装设备。该系统由门锁控制系统零件、智能钥匙系统零件、防盗喇叭、车辆喇叭、危险警告灯和安全指示灯组成。该系统由认证 ECU 控制。防盗系统组成如图 4.29 所示，系统工作原理如图 4.30 所示。

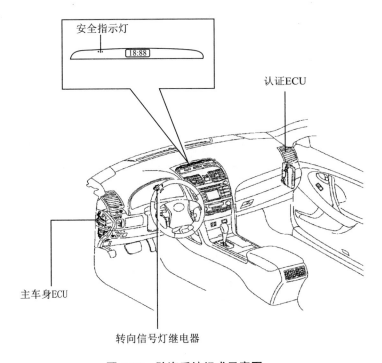

图 4.29　防盗系统组成示意图

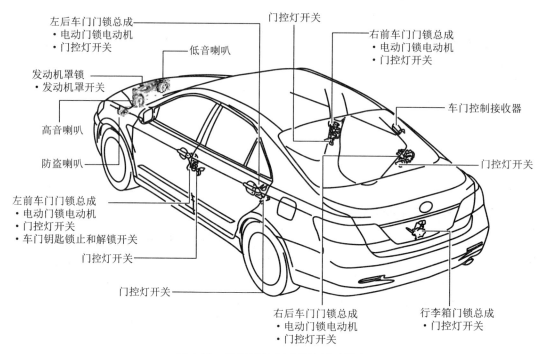

图 4.29　防盗系统组成示意图（续）

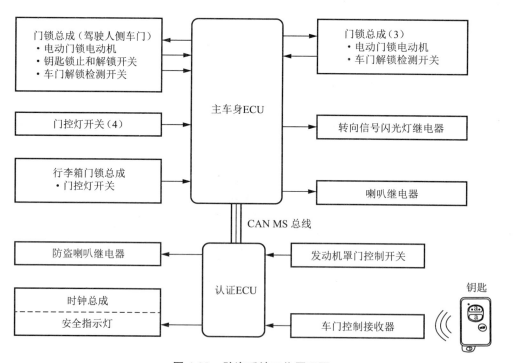

图 4.30　防盗系统工作原理图

防盗系统主要部件的功能见表 4-6。

表4-6 防盗系统主要部件功能

主要部件	功能
危险警告灯	检测到试图闯入或盗窃时闪烁
车辆喇叭	检测到试图闯入或盗窃时鸣响
车门门控灯开关	检测车门状态（打开或关闭）
解锁检测开关	检测车门状态（锁止或解锁）
发动机罩门控灯开关	检测发动机罩状态（打开或关闭）
行李箱门控灯开关	检测行李箱门状态（打开或关闭）
认证ECU	接收发动机罩门控灯开关状态。将工作信号发送至安全指示灯和防盗喇叭

4.4 中控防盗系统主要部件检修

由于车型不同，中控门锁系统的结构及原理有较大的差异。因此，在检修之前应查阅制造厂家的维修手册。在实际检修时，先根据故障现象判断出故障大概由哪一部分引起，然后以电源供电为起点，以信号流程或控制流程为线索，对故障部位进行进一步的检修。

4.4.1 电动中控门锁系统检修

1. 电动中控门锁系统主要部件检修

1) 门锁控制开关

用万用表测量开关在不同位置时的导通性时，首先应根据维修资料，找到开关的接线端子，一般开关处于LOCK或UNLOCK位置时对应的接线端子间的电阻值应为零，处于OFF位置时对应的接线端子间的电阻值应为无穷大。检测结果符合上述要求的开关是好的，只要有一个不符合要求，则表示开关损坏。如损坏一般直接更换。

2) 门锁控制继电器

门锁控制继电器是由电子电路控制的继电器，包括控制电路和继电器两部分。它为门锁执行器提供脉冲工作电流，也称为门锁定时器。检测时测量其输出状态，从而判断是否有故障，然后做相应的处理。

3) 门锁执行器

门锁执行器有电磁铁机构和直流电动机等。可以用直接通电的方法检查其工作是否有开锁和闭锁两种状态，以判断其是否损坏。

2. 电动中控门锁系统故障的检查

1) 操作门锁控制开关，所有门锁均不动作

此故障一般发生在电源电路中。首先检查熔断器是否熔断，如熔断器熔断应予更换。若更换熔断器后又立即熔断，则说明电源与门锁执行器之间的线路有搭铁或短路故障，用万用表查找出搭铁部位，即可排除。

若熔断器良好，则检查线路接头是否松脱，搭铁是否可靠，导线是否折断。可在门锁控制开关电源接线柱和定时器或门锁继电器电源接线柱上测量该处的电压，判断输入系统的电源线路是否良好。

2）操作门锁控制开关，不能开门（或锁门）

此故障是由于开门（或锁门）继电器、门锁控制开关损坏所致，可能是继电器线圈烧断、触点接触不良、开关触头烧坏或导线接头松脱。

3）操作门锁控制开关，个别车门锁不能动作

此故障仅出现在相应车门上，一般是连接线路断路或松脱、门锁电动机（或电磁铁式执行器）损坏、门锁连杆操纵机构损坏等。

4.4.2 汽车车身防盗系统检修

电子防盗系统的故障以电气方面为主，一般采用分块的检查方法，可分为电源部分、感应电路（或接收器部分）部分、开关电路部分、继电器部分等，遥控式的还要加上发射器部分。

1. 汽车遥控发射器检修

遥控器的常见故障是电池电量耗尽，或按键损坏，或频率偏离正常值。在一般情况下，不要轻易拆卸集成电路，如确有必要，拆卸时一定要小心。

1）鉴别遥控器的好坏

（1）用频谱仪观察遥控器的射频波形是比较准确、可靠的方法，不但能看到发射信号的有无，还能观察到射频信号的强弱、频率及调制情况。

（2）在没有设备的情况下，可以采取测量遥控器的静态及动态（发射时）电流的方法。一般遥控器的静态电流在微安级，发射状态电流为 5~10mA，如过大或过小，都说明有故障。

（3）用示波器观察发射管集电极的波形。通过观察此高频已调信号的有无，来鉴别遥控器的好坏。

（4）通过测量晶体管和集成电路的各点电压，与正常的遥控器比较（一般汽车防盗系统均配有两个以上的遥控器）以鉴别、维修遥控器。

2）确定遥控器故障的部位

首先应确定故障部位，缩小范围，重点检查可疑元件，直至找到并进行处理或更换。对遥控器的检修，可按照按键输入电路、编码信号发生器电路、无线发射电路3个故障部位来分别进行检修。

按键输入电路比较容易检修，一般不会出现几个按键同时出故障的现象，只要某一按键不起作用，更换该按键，故障即可排除。

编码信号发生器电路一般采用集成电路，检修比较容易。对该部分的检修，应检查供电引脚电压、内部时钟是否正常（有外接电阻的）。在电源电压正常的前提下，如更换内部时钟引脚外接电阻后仍然观察不到振荡波形，则为集成电路本身损坏。编码信号发生器集成电路的信号输出端是一个关键测试点，静态时为 0 电平，发射状态时为高电平，且表针微微摆动，否则应考虑更换集成电路。

无线发射电路的检修，应在确认按键输入电路、编码信号发生器电路正常时进行，因为编码信号发生器电路输出的信号，不仅是无线发射电路的调制信号，还作为无线发射管的直流偏置电压。

对无线发射电路的检修，可以先检查无线发射管的直流电压，在直流电压正常（有直流偏置电压）的情况下，再检查更换满足振荡条件的元件。对固定编码芯片，买回来后可

以直接使用；而滚动码芯片在使用前必须写入初始数据。

2．汽车遥控接收器检修

遥控接收器好坏的鉴别。判断遥控接收器工作是否正常，常用的方法如下：

（1）将频谱仪的接收天线靠近遥控接收器，给防盗系统（或接收器）加电，在200～400MHz频段内应观察到波浪状（调容式）或倒V状（调感式）的频谱波形。如频谱仪屏幕上无任何反应，说明接收器电路有故障。

（2）用遥控器发射信号，通过示波器观察遥控接收器的输出端，解码电路的输出端应有脉冲信号输出。因发送的数据信号不同，其波形为宽窄不同组合的脉冲串，如波形不正常或测不到波形，说明接收器电路有故障。

（3）通过示波器观察遥控接收器信号输出端，用金属物点触接收器的天线输入端，示波器应有较强烈的杂波反应，否则说明接收器电路有故障。

（4）用遥控器发射信号，用万用表直流电压挡测量信号输出端的电压，当按下遥控器的按键时，其输出端的电压应有变化，如无任何反应，说明接收器电路有故障。

3．车身防盗系统传感器检修

1）电子振动式传感器

对于电子振动式传感器，可以根据振动检测器件电路、电压放大器电路、电压比较器电路的特点进行检修。

（1）对工作在开关状态的晶体管，通过测量各极电压，或人为改变基极电位，观察集电极的电平变化情况，就可以鉴别开关电路正常与否。

（2）通过测量电压比较器的电压逻辑关系来判断电压比较器是否有故障。电压比较器在正常情况下，如反相输出端的电压高于同相输入端的电压，则输出端为低电平；如反相输出端的电压低于同相输入端电压，则输出端为高电平。或人为进行干预，原来是同相输入端为基准电压，输出端为高电平的电压比较器，如将反相输入端（通过100kΩ～1MΩ）的电阻接电源正极，则输出端应变为低电平，否则说明电压比较器工作不正常。

（3）对于电压放大器电路的检修，可以通过观察放大器输入、输出端的波形，或从输入端注入人体感应信号，用万用表观察输出端电压的变化情况，如果电压没有变化，则说明放大器工作不正常。

2）人体红外线传感器

人体红外线传感器的电路工作原理，同电子振动式传感器的电路工作原理相同，只是因检测的对象不同而采用不同的传感器，因此人体红外线传感器的检修方法可以参照电子振动式传感器的检修方法。

3）超声波传感器

超声波传感器由发射电路和接收电路两部分组成，因此应先区分故障发生在发射部分还是接收部分。

检查发射电路，最好用示波器观察发射传感器两端的交流波形，正常时峰值交流电压应为7～9V，否则说明发射电路有问题。另外，也可用万用表的dB挡或交流电压挡串联一只0.1～0.47μF的电容，来测量该点交流电压值，从而判断发射电路是否正常。

对发射电路的检修，可以按电源电压、振荡电路、放大电路、负载的顺序依次检修。通过测量直流电压和交流波形的方法，查找故障元件。

对于接收电路的检修，一般应在发射电路正常的情况下进行，可利用发射信号作为信号发生器来检测接收电路是否正常。

4．汽车防盗报警器故障检修

1）分立元件防盗报警器故障检修

（1）检查防盗装置的各个元器件是否有歪斜、断开或碰触的地方，元器件是否有烧灼现象。若发现有烧坏元器件的现象，应查明原因，排除故障后换上新的元器件。

（2）用万用表或其他仪表测量电阻、电流及各个元器件的电压，是否在正常值范围内。根据故障现象及测量出来的各种数据进行分析比较，判断故障所在。

（3）接通电源时，最好在电源电路内串联接入电流表，以便及时掌握电流是否正常，避免造成损失。

（4）更换新元器件时，先要认真细致地刮净焊锡，然后正确地安装焊牢，以免虚焊。

（5）有电子管器件的电路，要检查电子管灯丝电压是否正常，电子管是否老化等。

（6）有继电器的电路，要检查继电器触头是否平整，若不平整，应用油石轻轻打磨；还要检查继电器线圈电压是否正常，继电器线圈的电压触点是否按要求动作，继电器线圈是否有受潮、腐蚀的现象。若继电器线圈损坏，一般应换继电器。

2）晶闸管防盗报警器的故障诊断与排除

晶闸管防盗报警器的故障诊断及排除部分可按分立元件防盗报警器故障诊断排除方法进行外，还应考虑晶闸管电路的特点，即只有晶闸管的阳极和控制极同时加正向电压时才导通。晶闸管一旦导通，控制极的触点电压即被撤掉。要使其关断，需撤掉阳极电压或使晶闸管元件中通过的电流小于晶闸管元件导通时的维持电流。若晶闸管阳极和控制极加正向电压时不导通，应适当提高触发电压和电流，使晶闸管可靠地导通。晶闸管是一个易损坏的元件，若损坏应换上同型号的晶闸管元件。

3）集成电路防盗报警器的故障诊断与排除

集成电路防盗报警器的故障诊断与分立元件防盗报警器的故障诊断基本相同。集成电路大多为中规模的线性集成电路，若怀疑集成电路芯片有问题，首先应确认与集成电路芯片有关的器件是否完好，工作是否正常。在相关故障排除后，再检查集成电路芯片各脚的电压是否与正常值相等，触发电压信号是否达到要求的值，根据所测的数值判断芯片是否损坏。若集成电路芯片损坏，应换上型号、性能相同的新的集成电路芯片重新进行调试，再投入使用。

4.5 典型故障检修案例

1．别克商务车中控门锁不起作用

1）故障现象

一辆通用别克商务车的用户报修中控门锁不起作用。当按动遥控器上的解锁和锁止按钮，或按动左前门和右前门内饰板上的解锁和锁止按钮时，中控门锁均不起作用，用钥匙通过车门锁也无法对全车实现解锁或锁止。

2) 故障的诊断与排除

根据故障现象，参照电路图分析中控门锁系统工作原理，确定应该重点检查输入到车身控制单元（BCM）的锁止和解锁信号、BCM、输出到各车门门锁电动机的信号及相关线路等。

首先检查中控门锁系统的熔丝，发现仪表板右侧熔丝盒内的门锁熔丝熔断。更换新的熔丝后，只要按动车门内饰板上的锁止按钮，该熔丝就会熔断，分析中控门锁电路图（图4.31），有可能是 BCM 输出到各车门门锁电动机的锁止信号线对地短路，也就是 BCM 上的线束插头 C4 中的 G 脚可能对地短路。

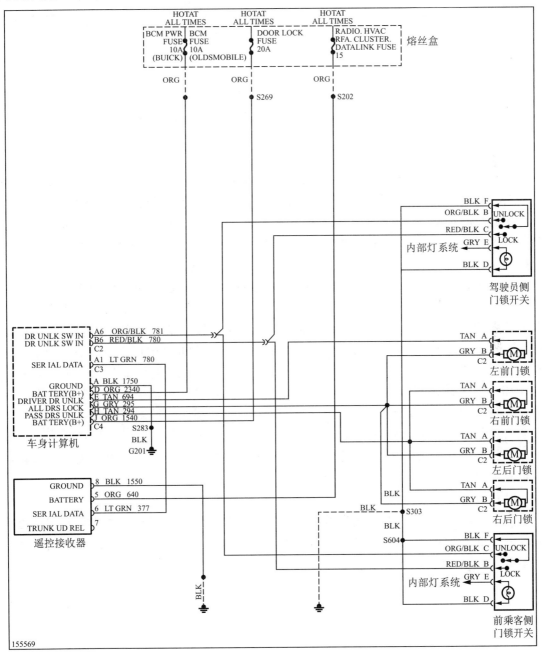

图 4.31　别克商务车中控门锁电路图

拆下 BCM，用万用表测量 BCM 上的线束插头 C4 中的 G 输出端的针脚对地电阻，测量结果为 1.2Ω，说明线路存在对地短路。为了缩小故障范围，反复开关各车门，同时用万用表测量 G 脚对地电阻，发现在反复开关左前车门时，G 脚对地电阻发生变化，说明左前车门的门锁线束可能有故障。拆下左前车门内饰板检查线路，发现左前车门门锁线束与车身线束连接插头的附近有线束外皮破损。用绝缘胶布裹好线束后反复测试，故障排除。

3）故障总结

只有透彻了解系统工作原理，对故障现象加以详细分析，故障检测与诊断才会有针对性。

2．丰田花冠轿车防盗系统故障

1）故障现象

该车用遥控器闭锁后，用钥匙打开车门时防盗系统不报警，防盗指示灯不亮，而且用钥匙可以起动发动机。

2）故障的诊断与排除

根据故障现象，初步判断是车身防盗系统不能进入防盗状态。花冠轿车所配置的防盗系统为独立式，当用遥控器闭锁后，防盗指示灯闪亮，以警示车辆已进入防盗状态，此时必须用遥控器开锁。当用其他方式打开车门时，防盗系统根据车门触发送来的搭铁信号，得知有人非法进入车内，使防盗喇叭鸣叫，危险警告灯闪亮，以警示有人非法进入车内；同时起动线路断开，使起动机无法工作，用任何方法也无法起动车辆。

首先将防盗指示灯插接器断开，用万用表测量防盗状态下指示灯的电压为 12V，于是判断防盗指示灯损坏。当将防盗指示灯装上后发现防盗状态下指示灯常亮。根据防盗系统电路图（图 4.32）分析，此指示灯同时也受发动机控制单元控制。于是用排除法将发动机控制单元的线路断开，指示灯仍常亮，可判断此电压来自防盗控制单元。据此判断防盗指示灯常亮有两种可能，一是防盗控制单元损坏，二是由于某个开关信号（如车门未锁检测开关、行李箱盖开关等）不正常导致车辆无法进入防盗状态。将车门、行李箱盖、发动机罩关好，拔下防盗控制单元插头，检测门锁状态开关及行李箱盖开关等开关信号，经检测发现来自行李箱盖开关的信号一直处于搭铁状态。打开行李箱检测行李箱盖开关，发现行李箱盖开关已损坏，更换行李箱盖开关后，防盗系统恢复正常。

3）故障总结

当防盗系统由于开关信号有异常，导致系统无法满足设定的防盗条件时，再操作遥控器设定防盗，系统只执行闭锁动作，而车辆不能进入防盗状态，并且使防盗指示灯常亮，以警示车主防盗系统有故障。

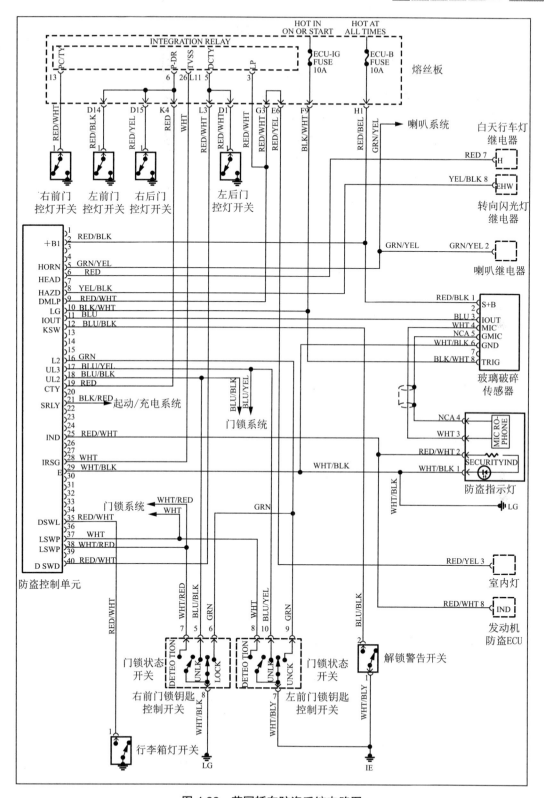

图 4.32 花冠轿车防盗系统电路图

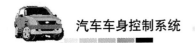

习　题

1. 汽车防盗装置主要经历了哪几个发展阶段？
2. 装有超声波传感器的防盗系统是如何判断车辆被非法入侵的？
3. 汽车被非法入侵后，通常采用什么样的方式发出报警信号？
4. 凯美瑞汽车智能钥匙有哪些功能？
5. 凯美瑞汽车钥匙受限防止功能有何作用？
6. 简述凯美瑞汽车智能上车解锁工作过程。
7. 当车身处于防盗状态时，哪些情况可触发防盗警报系统？

第 5 章 汽车数据总线传输系统

本章教学目标

熟悉汽车数据系统的种类及工作原理；
理解 CAN 总线的结构、组成与传输原理；
分析并掌握数据总线的检测方法及故障诊断步骤。

本章教学要点

知识要点	能力要求	相关知识
CAN 数据传输系统组成与工作原理	熟悉汽车数据系统的种类及工作原理	CAN 数据传输系统组成与传输原理
CAN-BUS 汽车数据总线传输系统故障类型及检测诊断方法	理解 CAN 总线的结构、类型，常用诊断流程与方法	汽车数据总线传输系统故障分析与诊断步骤
奥迪汽车数据总线系统	分析并掌握奥迪汽车数据总线的检测方法及用示波器诊断检测数据线波形	奥迪汽车 CAN 数据总线系统组成、特点和诊断检修
典型故障检修案例	掌握汽车数据总线常规检修方法及故障诊断步骤	案例分析

随着汽车技术的发展，以及电子技术和控制技术在汽车上的大量应用，汽车上的传感器和导线数量迅速增加，采用的电子控制模块越来越多。控制模块之间信息交换越来越密集，显然传统的多线数据传输方式[图5.1(a)]已不能满足各模块间数据传输的要求。现代汽车的控制系统中采用了一种新型的双线数据传输网络（Controller Area Network，CAN），如图5.1(b)所示。其目的是使汽车控制系统的数据传输实现高速化，并使汽车控制系统简单化。它具有信息共享，减少导线数量，大大减轻线束的质量，使控制单元和控制单元间插脚最少化，提高可靠性和可维修性等优点。

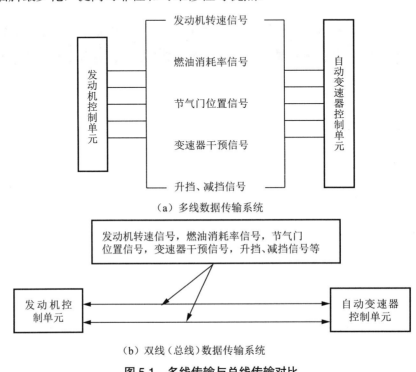

图5.1 多线传输与总线传输对比

5.1 CAN 数据传输系统组成与工作原理

CAN数据传输系统将传统的多线传输系统改变为双线（总线）传输系统。一辆汽车无论有多少个控制模块，也不管其信息容量有多大，每个控制模块都只需引出两条线接在两个节点上，这两条导线称为数据总线。数据总线好比一条信息高速公路，信息通过在高速公路上行驶的BUS来传递，所以CAN数据传输系统又称为CAN-BUS，如图5.2所示。

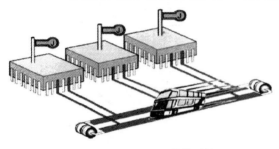

图5.2 CAN-BUS 总线系统

5.1.1 CAN 数据传输系统组成

CAN 数据传输系统由一个控制器、一个收发器、两个数据传输终端及两条数据传输线组成。除了数据传输线，其他元件都置于控制单元内部。数据传输系统如图 5.3 所示。

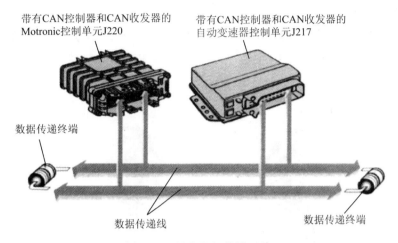

图 5.3　某车数据传输系统

1．CAN 控制器

CAN 控制器的作用是接收控制单元中微处理器发出的数据，处理数据并传给 CAN 收发器。同时，CAN 控制器也接收 CAN 收发器收到的数据，处理数据并传给微处理器。

2．CAN 收发器

CAN 收发器是一个发送器和接收器的结合，它将 CAN 控制器提供的数据（逻辑电平）转化为电信号（线路输送电平），并通过数据总线发送出去。同时，它也接收 CAN 总线数据，并将数据传输给 CAN 控制器。

3．数据传输终端

数据传输终端实际上是一个电阻器，其作用是保护数据，防止数据在线端被反射，以回声的形式返回，影响数据的传输。

4．数据传递线

如图 5.4 所示，CAN 数据传递线是传输数据的双向数据线，分为 CAN 高位数据线（CAN-High）和低位数据线（CAN-Low）。为了防止外界电磁波干扰和向外辐射，CAN 数据传递线通常缠绕在一起。这两条线的电位相反，如果一条是 5V，另一条就是 0V，始终保持电压总和为一常数。通过这种方法，CAN 数据总线得到了保护而免受外界的电磁场干扰，同时 CAN 数据总线向外辐射也保持中性，无辐射。

图 5.4　数据传递线

5.1.2　CAN 数据总线传输原理与过程

1．CAN 数据总线传输原理

如图 5.5 所示，CAN 数据总线的数据传输原理类似电话会议。一个用户（控制单元 1）向网络中"说出"数据，而其他用户"收听"到这些数据。一些控制单元认为这些数据对它有用，它就接收并且应用这些数据，而其他控制单元也许不会理会这些数据。故数据总线里的数据并没有指定的接收者，而是被所有的控制单元接收及计算。

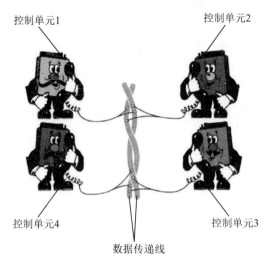

图 5.5　数据总线传输原理

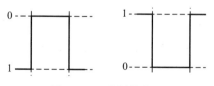

图 5.6　二进制状态图

数据：数据由二进制数构成，即"0"或"1"。"1"表示电路接通，"0"表示断开。也就是"是"或"否"两个状态，如图 5.6 所示。

位是信息的最小单位（单位时间的电路状态）。1 位数字可表示 2 种状态，2 位数字则可表示 4 种状态；3 位数字可表示 8 种状态，依此类推，最大的数据是 64 位，它可表示的信息量为 2^{64}。用二进制数字表达温度信息的实例见表 5-1。

表 5-1　用二进制数字表达温度信息

1 位数值的变化	产生信息/℃	2 位数值的变化	产生信息/℃	3 位数值的变化	产生信息/℃
0（5V）	10	00	10	000	10
1（0V）	20	01	20	001	20
		10	30	010	30
		11	40	011	40
				100	50
				101	50
				110	70
				111	80

2. 数据传输过程

数据的具体传输过程包括提供数据、发送数据、接收数据、检查数据、接受数据，如图 5.7 所示。

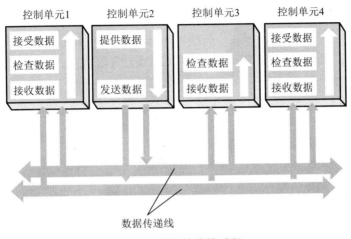

图 5.7 数据的传输过程

1) 提供数据

某控制单元（如图 5.7 中 2）向 CAN 控制器提供数据用于传输。

2) 发送数据

CAN 收发器从 CAN 控制器处接收数据，将其转化为电信号发出。这些数据以数据列的形式进行传输，数据列是由一长串二进制（高电平与低电平）数字组成的（0110100100111011⋯），可以将其分成 7 个区域：开始域、状态域、检验域、数据域、安全域、确认域、结束域，如图 5.8 所示。

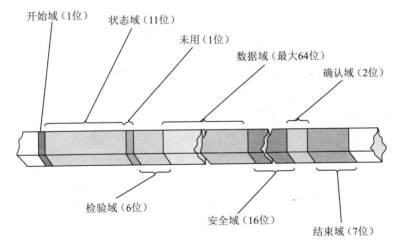

图 5.8 数据列

(1) 开始域：标志数据列的开始。

(2) 状态域：确认数据列的优先级别。如果两个或更多控制单元要同时发送各自的数据,为了避免多个信息在传递时发生冲突,CAN 数据总线在同一时刻只允许传递一个数据,优先级高的控制单元优先发送。

而数据的优先级别由二进制的 11 位数字表示。当多个控制单元同时发送数据时,在数据传输线上由左到右对表示优先级别的 11 位数字进行逐一的比较。如果一个控制单元发送了一个低电位(用"1"表示)而检测到一个即将接收的高电位(用"0"表示),那么,该控制单元就停止发送而转变为接收状态;如果一个控制单元向外发送高电位(用"0"表示),而同时另一个控制单元向外发送低电位(用"1"表示),则数据传输线将体现高电位(用"0"表示)。

例如,发动机控制单元要发送的数据为"00101000000";而自动变速器控制单元要发送的数据为"01000100000";ABS 控制单元要发送的数据为"00011010000"。

数据传输线将如何传递这些数据呢?首先,第一位均为"0",数据传输线上也体现为"0";3 个数据的第二位数字,自动变速器控制单元准备向外发送"1",而发动机控制单元和 ABS 控制单元均准备向外发送"0"。因此,自动变速器控制单元发送了一个低电位(用"1"表示),而接收一个高电位(用"0"表示),那么,自动变速器控制单元将失去优先权,而转为接收状态,数据传输线传送"0";再比较第三位数字,发动机控制单元准备向外发送"1",而 ABS 控制单元准备向外发送"0",同理,发动机控制单元将失去优先权而转为接收状态,数据传输线传输"0"。

通过比较 3 个数据的状态域,可以确定 ABS 控制单元具有最高优先权,从而可以接管数据总线的控制权,该优先权保证其持续发送数据直至发送终了。ABS 控制单元结束发送数据后,因发动机控制单元的优先权高于自动变速器控制单元,所以数据总线的发送次序:首先发送 ABS 控制单元数据,然后发送发动机控制单元数据,最后发送自动变速器控制单元数据。

(3) 检验域:显示数据区中包含的数据数目。该域可以让接收者检验其是否收到传输来的全部信息。

图 5.9 数据信息传递

(4) 数据域:传给其他控制单元的信息,其大小由总线的宽度决定。例如,传送一组 8 位数字的信息,在两条数据线的数据是一样的,如图 5.9 所示。

(5) 安全域:检测传递数据中的错误。

(6) 确认域:接收者发给发送者的信号,用来告知已正确收到数据列。若有错误被检验到,则接收者迅速通知发送者。这样发送者将再次发出该数据列。

(7) 结束域:标志数据列的结束。这是显示错误以得到重新发送数据的最后一次机会。

3) 接收数据

所有与 CAN 数据总线一起构成网络的控制单元称为接收器控制单元是汽车专用微机控制器。它们通过 CAN 总线接收系统上其他控制单元发出的原始数据信息且分析其意义,保证系统的正常运行。

4) 检查数据

控制单元对接收到的数据进行检查判断,看是否为需要的数据。

5) 接受数据

如果所接收的数据是重要的、有用的数据,它将被接受并进行处理,反之将其忽略。

5.2 CAN-BUS 汽车数据总线传输系统故障类型及检测诊断方法

装有 CAN 数据总线的车辆出现故障，维修人员应首先检测数据总线传输系统是否正常。如果数据总线传输系统有故障，则整个汽车数据总线传输系统中的有些信息将无法传输，接收这些信息的控制单元将无法正常工作，从而为故障诊断带来困难。对于汽车数据总线传输系统故障的维修，应根据数据总线传输系统的具体结构和控制回路具体分析。

一般来说，引起汽车数据总线传输系统故障的原因有三种：一是汽车电源系统引起的故障；二是汽车数据总线传输系统的链路故障；三是汽车数据总线传输系统的节点故障。

5.2.1 汽车电源系统故障引起汽车数据总线传输系统故障

1. 故障机理

汽车数据总线传输系统的核心部分是含有通信 IC 芯片的控制单元，控制单元的正常工作电压在 10.5～15.0V。如果汽车电源系统提供的工作电压低于该值，会造成一些对工作电压要求高的控制单元出现短暂的停止工作的情况，从而使整个汽车数据总线传输系统出现短暂的无法通信。这种现象就如同用汽车故障诊断仪在未起动发动机时就已经设定好要检测的传感器界面，当发动机起动时，往往汽车故障诊断仪又回到初始界面。

2. 故障实例

1) 故障现象

一辆别克轿车，在车辆行驶过程中，时常出现转速表、里程表、燃油表和冷却液温度表指示为"0"的现象。

2) 故障检测

用 TECH-Ⅱ 扫描工具（专用汽车故障诊断仪）读取故障码，发现各个控制单元均没有当前故障码，而在历史故障码中出现多个故障码。其中：安全气囊控制单元中出现 U1040（失去与 ABS 控制单元对话）、U1000（二级功能失效）、U1064（失去多重对话）、U1016（失去与 PCM 的对话）；仪表控制单元中出现 U1016（失去与 PCM 的对话）；车身控制单元中出现 U1000（二级功能失效）。

3) 故障分析和排除

经过故障码的读取可以知道，该车的数据总线传输系统存在故障，因为 OBD-Ⅱ 规定 U 字头的故障码为汽车数据总线传输系统的故障码。查阅上海别克轿车的电源系统的电路图（图 5.10），发现上述控制单元共用一根电源线，并且通过前围板。由于故障码为间歇性的，因此判断可能是这根电源线发生间歇性断路故障。

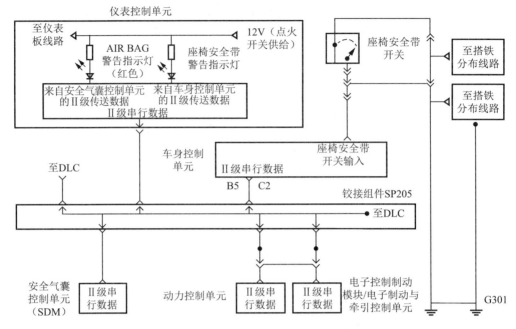

图 5.10　仪表控制单元、安全气囊控制单元等供电端电路

经检查发现，此根电源线由于磨损导致接触不良，经过处理后故障排除。

5.2.2　汽车数据总线传输系统节点故障

1. 故障机理

节点是汽车数据总线传输系统中的控制单元，因此节点故障就是控制单元的故障。它包括软件故障和硬件故障。软件故障即传输协议或软件程序有缺陷或冲突，从而使汽车数据总线传输系统通信出现混乱或无法工作，这种故障一般成批出现且无法维修。硬件故障一般是通信芯片或集成电路故障，造成汽车数据总线传输系统无法正常工作。

2. 故障实例

1) 故障现象

一辆帕萨特 B5 轿车在行驶过程中出现机油压力报警与安全气囊故障指示灯报警，同时发动机转速表不显示。

2) 故障检测

用 V.A.G 1552 故障诊断仪读取发动机控制系统的故障码，发现有两个偶发性故障码：18044/P165035（安全气囊控制单元无信号输出）；18048/P165035（仪表数据输出错误）。用 V.A.G 1552 故障诊断仪读取仪表系统的故障码为 01314049（发动机控制单元无通信）、01321049（到安全气囊控制单元无通信）。

3) 故障分析与排除

通过读取故障码可以初步判断故障在汽车数据总线传输系统。通过对汽车电气线路进行分析，电源系统引起故障的概率很小，故障很可能是节点或链路故障。用替换法尝试更换安全气囊控制单元，故障得以排除。

5.2.3 汽车数据总线传输系统链路故障

1. 故障机理

当汽车数据总线传输系统的链路（或通信线路）出现故障时，如通信线路的短路、断路及线路物理性质变化引起的通信信号衰减或失真，都会引起多个控制单元无法工作或电控系统错误动作。判断是否为链路故障时，一般采用汽车专用诊断仪或示波器来观察通信数据信号是否与标准通信数据信号相符。

2. 故障实例

1) 故障现象

一辆帕萨特 B5 轿车的自动空调系统在开关接通的情况下，鼓风机能工作，但是空调系统不制冷。

2) 故障检测

通过观察，发现空调压缩机的电磁离合器不吸合，但发动机工作正常。检查电磁离合器线路的电阻，电阻符合规定值，检查空调控制单元的输出端，没有输出信号。此时用 V.A.G 1552 故障诊断仪读取发动机控制系统和空调控制系统的故障码，均无故障码。用 V.A.G 1552 故障诊断仪读取空调控制单元的数据流，发动机的转速数据为零。由于发动机工作正常，因此空调控制单元接收的发动机转速信号应该正常，检查发动机控制单元和空调控制单元之间的通信线路，发现两者之间的转速通信线的接脚变形造成链路断路，修复插接件后故障排除。

5.2.4 汽车数据总线系统一般诊断步骤

通过对以上 3 种汽车数据总线传输系统的故障分析，可以总结出该系统的一般诊断步骤如下。

（1）了解车型的汽车数据总线系统特点（包括传输介质、几种子网及汽车数据总线系统的结构形式等）。

（2）汽车数据总线传输系统的功能，如有无唤醒功能和休眠功能等。

（3）检查汽车电源系统是否存在故障，如交流发电机的输出波形是否正常（若汽车电压不正常将导致信号干扰等故障）等。

（4）检查汽车数据总线传输系统的链路是否存在故障，采用波形和跨线法来进行检测。

（5）检查汽车数据总线传输系统的节点是否存在故障，采用汽车诊断仪进行检测，可以尝试采用替换法进行维修。

5.3 奥迪汽车数据总线传输系统

近几年，国产大众（POLO、帕萨特 B5、宝来等）和奥迪车系（奥迪 A4、奥迪 A5L 等）都采用德国博世公司设计的 CAN 数据总线。它利用 CAN 数据总线将各个控制单元连接起来，形成车载网络系统。

5.3.1 奥迪汽车 CAN 数据总线传输系统组成

1. 奥迪 A4 汽车 CAN 数据总线传输系统组成

如图 5.11 所示，奥迪 A4(B6) 汽车 CAN 数据总线传输系统由驱动 CAN 总线、舒适 CAN 总线、显示/信息娱乐 CAN 总线和网关组成。

1) 驱动 CAN 数据总线

驱动 CAN 数据总线系统由发动机控制单元 J220、自动变速器控制单元 J217、ABS 控制单元 J104、安全气囊控制单元 J234、NO_x 传感器、转向角传感器 G85、仪表控制单元 J285 等组成。

2) 舒适 CAN 总线

舒适 CAN 总线系统由舒适系统中央控制单元 J393、轮胎压力监控控制单元 J502、驻车加热控制单元 J162、空调控制单元 E87、挂车识别控制单元 J345、停车辅助控制单元 J446、座椅调节控制单元 J136、汽车电气控制单元 J519、转向柱控制单元 J527 和仪表控制单元 J285 等组成。

3) 显示/信息娱乐 CAN 总线

显示/信息娱乐 CAN 总线系统由语音输入控制单元 J507、卡片阅读器 R99、车载电话控制单元 R37、远程通信 J499、收音机 R、导航控制单元 J401、电子导航 J402 和仪表控制单元 J285 等组成。

4) 网关

由于不同的 CAN 总线的速率和识别代号不同，因此一个信号要从一个总线进入另一个总线区域，必须改变它的识别代号和速率，以让另一个系统接受，这个任务由网关来完成。

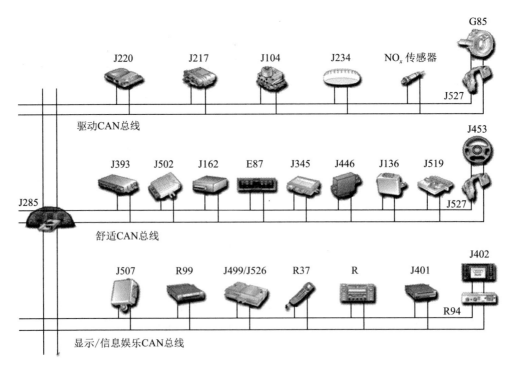

图 5.11 奥迪 A4 汽车 CAN 数据总线传输系统

以火车站为例来说明网关的工作原理，如图 5.12 所示。在站台 A 到达一列快车（驱动 CAN 数据总线），在站台 B 到达一列慢车（舒适 CAN 数据总线），快车上一些乘客换到慢车上，慢车上一些乘客换到快车上继续旅行。车站/站台的这种功能，即让旅客换车，以便通过速度不同的交通工具到达各自目的地的功能，与网关的功能是相同的。

奥迪 A4 汽车的网关与仪表控制单元安装在一起，它完成两个任务：①完成驱动、舒适、显示/信息娱乐 CAN 数据总线间的数据交换；②在不改变数据的情况下，将驱动 CAN 总线、舒适 CAN 总线、显示/信息娱乐 CAN 总线的诊断信息传递到 K 线。

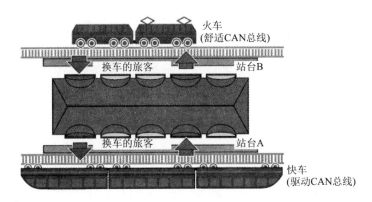

图 5.12　网关原理

2. 奥迪 A6L（C6）汽车 CAN 数据总线传输系统组成

奥迪 A6L（C6）汽车采用了最先进的数据总线网络技术，它包含驱动 CAN 总线、舒适 CAN 总线、MOST 总线、组合仪表 CAN 总线、LIN 总线、车距调节 CAN 总线、诊断 CAN 总线、蓝牙总线等各种总线子系统，如图 5.13 所示。

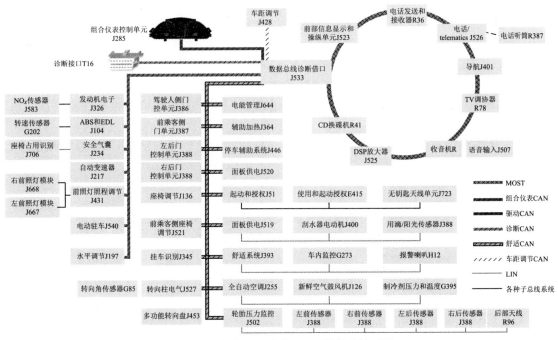

图 5.13　奥迪 A6L 汽车 CAN 数据传输系统

5.3.2 奥迪汽车 CAN 数据总线传输系统特点

以奥迪 A4 和奥迪 A6L 车型为例，按照数据总线线型结构大致分为四种：双绞线、单线、光纤（MOST）和无线（蓝牙）。

1．双绞线

双绞线结构的总线有驱动 CAN 总线、舒适 CAN 总线、组合仪表 CAN 总线，诊断 CAN 总线，显示/信息娱乐 CAN 总线、车距调节 CAN 总线等。

1）双绞线的共性

（1）各条系统在数据高速公路上采用同样的交通规则，即传输协议。

（2）为了保证有较高的抗干扰性（如来自发动机舱内的干扰），数据总线采用双线式系统（双绞线），即 CAN-High（高位数据线）和 CAN-Low（低位数据线）。

（3）将要发送的信号在发送控制单元的收发器内转换成不同的电信号电平，并输送到两条 CAN 导线上，接收控制单元内的差动信号放大器能建立两个信号电平的差值，并将其作为唯一经过校正的信号继续传至控制单元的 CAN 接收区。

（4）双绞线总线都采用中央线束连接（星形接法），如图 5.14 所示。

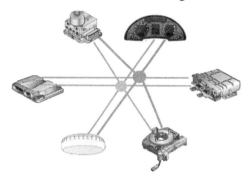

图 5.14 总线星形连接

2）双绞线的个性

（1）传输速率不同。例如，驱动 CAN 总线传输速率为 500kbit/s（高速），舒适 CAN 总线和显示/信息娱乐 CAN 总线传输速率为 100kbit/s（低速）。

（2）运行模式不同。例如，舒适 CAN 总线和显示/信息娱乐 CAN 总线中如果一条数据传递线发生故障，另一条数据线能继续工作，具有单线运行能力；驱动 CAN 总线某一条数据线短路或断路时，总线传输中断，不具备单线运行能力。

（3）控制方式不同。例如，驱动 CAN 数据总线通过 15 号接线柱切断或经过短时无载运行后切断；舒适 CAN 数据总线和显示/信息娱乐 CAN 总线由 30 号接线柱供电且必须保持随时可用状态。

（4）传输数据电信号不同。例如，驱动 CAN 总线的电信号与舒适 CAN 总线和显示/信息娱乐 CAN 总线的电信号是不同的（详细可见波形分析）。

2．单线

数据总线的单线结构主要是指 LIN（Local Interconnect Network）总线和各种子总线。

局域互联（Local Interconnect）表示所有控制单元都装在一个有限的空间内，所以也称为"局域子系统"。

LIN 总线是一种新发展的汽车车载网络系统，其应用成本较低，主要用于汽车系统内部数据交换，在奥迪 A6L 中应用于空调、车门和刮水器系统。

LIN 总线使用一根双向单线导线作为传输介质。总线协议严格按等级分为主控单元和从控单元。通过主控单元，可进行 LIN 总线系统自诊断。一个 LIN 总线系统最多只能有一个主控单元。主控单元是 LIN 总线系统中唯一与 CAN 数据总线相连的控制单元，它执行 LIN 系统的主功能。主控单元在 LIN 数据总线系统与 CAN 总线之间起"网关"作用。一个 LIN 总线系统中最多可以有 16 个从控单元，分别充当系统的执行器和传感器，从控单元受主控单元管理，听从主控单元指令。

奥迪 A6L 汽车空调系统 LIN 总线信息传递过程如图 5.15 所示。空调系统在 LIN 总线系统上发送命令——调节鼓风机的转速等级，这个命令用于新鲜空气鼓风机转速等级调节，即空调系统发送所希望的鼓风机转速等级，鼓风机从 LIN 总线读取信息，相应地控制鼓风机转速并进行反馈。

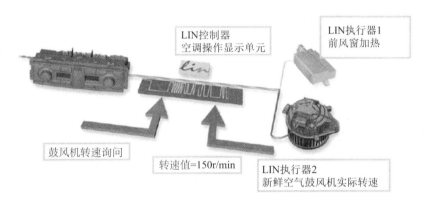

图 5.15　奥迪 A6L 汽车空调系统 LIN 总线信息传递过程

3．光纤

数据总线的光纤结构主要是指 MOST 总线。近年来，在德系车上使用了专门针对多媒体应用的通信技术 MOST 总线。MOST 总线系统主要应用于音频、视频、宽带和导航数据传输。

汽车上电子设备越来越多，而且传输声音或图像数据量越来越大，使用传统铜导线传输数据时，会造成较强的电磁辐射，电磁辐射会干扰车内的电子元件，造成电子元件工作不正常。而用光缆进行传输，不仅传输数据量大、传输速度快，而且具有质量轻、维修方便等优势。

光缆有塑料光缆和玻璃光缆两种类型，汽车上使用的是塑料光缆。它是一根较细的圆柱形塑料纤维，外面包裹着一层较薄的护皮和缓冲保护层，如图 5.16 所示。

奥迪 A6L 汽车 MOST 总线应用于多媒体传输系统，用于传输电话、电视、收音机、DVD、CD、放大器导航等数据信号，如图 5.17 所示。

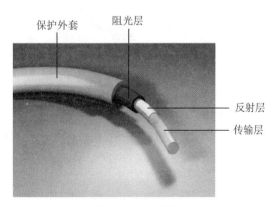

图 5.16　光缆结构

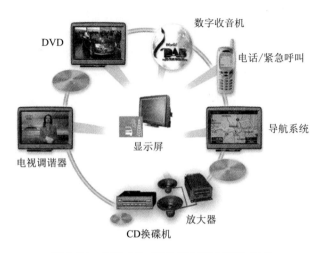

图 5.17 奥迪 A6L 汽车 MOST 多媒体组件

MOST 总线特点如下。

（1）MOST 总线采用环形光缆结构，允许发送的信息在该环形导线上循环运行，该信息由环形结构中的每个终端设备（控制单元）读取并继续发送。

（2）MOST 总线通过光脉冲传输数据，但只朝一个方向传输数据。光缆用作传输媒介，各组件通过总线共同组成一个中央单元。

（3）MOST 总线系统中一旦某一个控制单元出现故障就会影响整个系统的工作。

（4）利用即插即用（连接后即可使用）原则，可以非常简单地通过各组件扩展系统。

（5）有较高的数据传输率，奥迪轿车数据传输率为 21.2Mbit/s。

（6）MOST 总线将控制单元的节点分配到总线内。MOST 总线不仅表示一种传统意义上的网络，还表示一种用于多媒体和网络控制的集成技术。

4．无线

数据总线的无线结构主要是指蓝牙总线。蓝牙是 1998 年 5 月由 5 家世界著名大公司——爱立信、诺基亚、东芝、国际商用机器公司（IBM）和英特尔联合宣布的一项技术。其实质内容是建立通用的无线电空中接口及其控制软件标准，使通信和计算机进一步结合，使不同厂家生产的便携式设备在没有电线或电缆相互连接的情况下，能在近距离内具有互用、相互操作的性能，如图 5.18 所示。

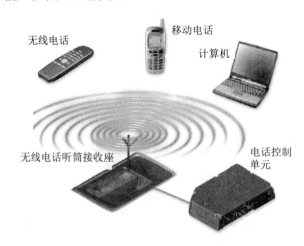

图 5.18　电话听筒和电话/电子汽车服务通信系统控制单元的无线连接

由图 5.18 可以看出，蓝牙实现了手机、计算机和 PDA（掌上电脑）彼此之间的互联，以及与家庭和商业电话及计算机设备的互联。作为蓝牙在汽车中应用的一个例子，

Johnson Controls 公司的免提手机系统"Blue Connect"允许驾驶人在双手扶住转向盘的情况下通过支持蓝牙功能的手机保持联系。汽车系统和蓝牙技术相结合，将会给汽车的生产和服务带来更大的方便。

5.3.3 奥迪车型数据总线传输系统诊断与检修

1. 自诊断

奥迪 A4 汽车的数据总线传输系统的故障可以采用大众汽车专用故障诊断仪 VAS 5052（图 5.19）进行检测诊断。

图 5.19 VAS 5052 故障诊断仪

图 5.20 VAS 5052 界面

1) CAN 数据总线传输系统的进入

因网关集成在仪表中，现以仪表控制单元自诊断为例予以说明。连接 VAS 5052 故障诊断仪，打开点火开关，选中"车辆自诊断"选项进入，如图 5.20 所示；选中"17-仪表板"选项，如图 5.21 所示；按"下一步"按钮 ▶，进入仪表板主菜单界面，如图 5.22 所示。

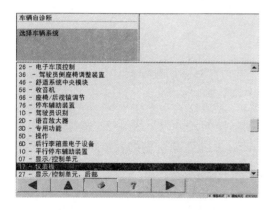

图 5.21 VAS 5052 车辆自诊断界面

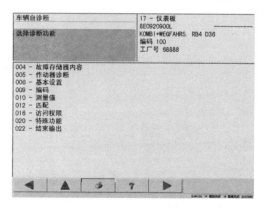

图 5.22 仪表板主菜单界面

仪表板主菜单说明：8E0920900L 为组合仪表零件号；KOMBI+WEGFAHRS 表示部件名称（防盗器+组合仪表）；RB4 代表生产厂家代码；D36 为组合仪表软件版本号；100 为组合仪表的编码；68888 为服务站代码。

2) 查询故障存储器

(1) 选中"004-故障存储器内容"选项,如图 5.23 所示,按"下一步"按钮 ▶。

(2) 选中"004.01-查询故障存储器"选项,如图 5.24 所示,按"下一步"按钮 ▶。

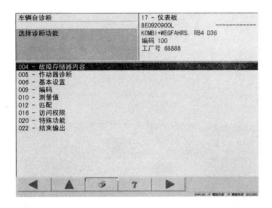

图 5.23 选中"004-故障存储器内容"选项

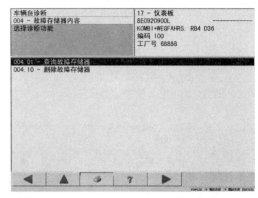

图 5.24 选中查询"004.01-故障存储器"选项

VAS 5052 故障诊断仪显示存储的故障数量和内容,如图 5.25 所示。如果无故障,显示屏将显示"0 识别出故障"。

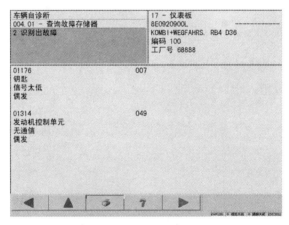

图 5.25 显示故障信息

奥迪 A4 轿车 CAN 数据总线系统故障自诊断输出的故障码见表 5-2。根据表 5-2 中故障排除方法完成修理,功能恢复后,须用 VAS 5052 故障诊断仪查询并清除故障码。

表 5-2 奥迪轿车 CAN 数据总线系统故障代码

故障码与故障信息	可能的故障原因	可能的影响	故障排除方法
00778 转向角度传感器 G85 无法通信	转向角度传感器 G85 数据接收不正常	与数据总线相连的系统功能不正常	①检查数据总线自诊断接口的编码 ②查询 ABS 控制单元故障存储器并排除故障; ③按照电路图检查连接转向角度传感器 G85 的数据总线

续表

故障码与故障信息	可能的故障原因	可能的影响	故障排除方法
01044 控制单元编码错误	①与数据总线相连的某控制单元编码错误; ②与数据总线相连的某控制单元损坏	行驶性能不良（自动变速器换挡冲击,符合变化冲击）,无形式动力控制	①读取测量数据块; ②查询与数据总线相连的所有控制单元故障存储器,并排除故障; ③检查并改正控制单元编码,如果需要则更换控制单元;
01312 数据总线损坏	①数据总线有故障; ②数据总线在"BUS OFF"状态	行驶性能不良（自动变速器换挡冲击,符合变化冲击）,无形式动力控制	①读取测量数据块; ②检查控制单元编码; ③按照电路图检查数据总线; ④更换损坏的控制单元
01314 发动机控制单元无法通信	发动机控制单元数据接收不正常	行驶性能不良（自动变速器换挡冲击,符合变化冲击）,无形式动力控制	①读取测量数据块; ②查询发动机控制单元故障存储器,并排除故障; ③按照电路图检查发动机控制单元数据总线
01315 变速器控制单元无法通信	变速器控制单元数据接收不正常	行驶性能不良（自动变速器换挡冲击,符合变化冲击）,无形式动力控制	①读取测量数据块; ②查询变速器控制单元故障存储器,并排除故障; ③按照电路图检查变速器控制单元数据总线
01316 制动控制单元无法通信	制动控制单元数据接收不正常	行驶性能不良（自动变速器换挡冲击,符合变化冲击）,无形式动力控制	①读取测量数据块; ②查询ABS控制单元故障存储器,并排除故障; ③按照电路图检查ABS控制单元数据总线
01317 组合仪表内控制单元J285无法通信	①组合仪表内控制单元J285数据总线有故障; ②组合仪表内控制单元J285损坏	行驶性能不良（自动变速器换挡冲击,符合变化冲击）,无形式动力控制	①读取测量数据块; ②查询与数据线相连的所有控制单元的故障存储器,并排除故障; ③按照电路图检查数据总线
01321 安全气囊控制单元J234无法通信	安全气囊控制单元数据接收不正常	安全气囊警告灯亮	①读取测量数据块; ②查询安全气囊控制单元故障存储器,并排除故障; ③按照电路图检查安全气囊控制单元数据总线
01324 四轮驱动控制单元J492无法通信	四轮驱动控制单元数据接收不正常	行驶性能不良（自动变速器换挡冲击,符合变化冲击）,无形式动力控制	①读取测量数据块; ②查询四轮驱动控制单元故障存储器,并排除故障; ③按照电路图检查四轮驱动控制单元数据总线

续表

故障码与故障信息	可能的故障原因	可能的影响	故障排除方法
01328 舒适系统数据总线	①导线或插头故障； ②控制单元损坏		①按电路图检查导线和插头导线； ②拔下所有车门主插头，再依次插好，同时观察测量数据块； ③更换总线阻断的控制单元； ④读取测量数据块，显示组012显示区1； ⑤更换合适的控制单元
01329 舒适系统数据总线处于紧急模式	导线或插头故障		①按电路图检查导线和插头导线； ②拔下所有车门主插头，再依次插好，同时观察测量数据块； ③更换总线阻断的控制单元； ④读取测量数据块，显示组012显示区1
01330 舒适系统的中央控制单元 J393 损坏 供电电压过高 供电电压过低	①舒适系统的中央控制单元损坏； ②电池A损坏或没电； ③电压调节器C1损坏； ④发电机C损坏		①更换舒适系统的中央控制单元； ②按电路图检查导线和插头导线； ③读取测量数据块，显示组014显示区1

3）清除故障存储器

清除故障存储器后，其内容自动消失。如果无法清除故障存储器，应再次查询故障存储器并排除故障。清除故障存储器具体步骤如下。

(1) 选中"004-故障存储器内容"选项，按"下一步"按钮 ▶。

(2) 选中"004.10-删除故障存储器"选项，如图 5.26 所示，按"下一步"按钮 ▶。

故障诊断仪显示"故障存储器的故障记忆已删除"信息，表明故障存储器已被删除，如图 5.27 所示。

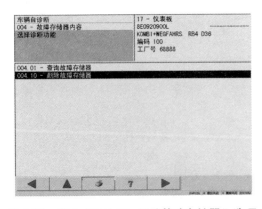

图 5.26　选中"004.10-删除故障存储器"选项　　图 5.27　故障存储器已删除

(3) 按"上一步"按钮 ◀，依次退出，返回车辆自诊断界面，如图 5.28 所示。

4) 读取测量数据块

因奥迪 A4 汽车具备三种总线,显示组 125～129 显示驱动 CAN 总线的通信状态;130～139 显示舒适 CAN 总线的通信状态;140～149 显示显示/信息娱乐 CAN 总线的通信状态。对于不存在的控制单元,其显示区无显示。以驱动 CAN 总线为例说明。

(1) 选中车辆自诊断中的"17-仪表板"选项(图 5.21),按"下一步"按钮 ▶。

(2) 选中"010-测量值"选项,如图 5.29 所示,按"下一步"按钮 ▶。

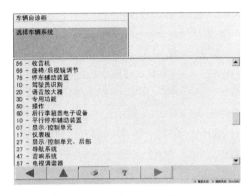 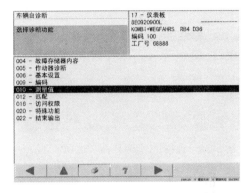

图 5.28　车辆自诊断界面　　　　　图 5.29　选中"010-测量值"选项

(3) 输入"125"显示组,按 Q 键确认输入,如图 5.30 所示。

故障诊断仪显示(1～4 区内容)如图 5.31 所示。显示组 125 显示内容及相关解释见表 5-3。

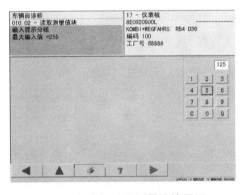 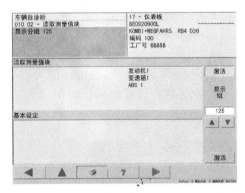

图 5.30　仪表板读取测量值块界面　　　　　图 5.31　仪表板测量值 125 通道界面

表 5-3　显示组 125 的分析结果

显示区	名称	显示内容	故障排除
1	发动机控制单元	发动机 1= 发动机控制单元经数据总线的数据接收正常 发动机 0= 发动机控制单元经数据总线的数据接收不正常	如果数据接收不正常,则按照电路图检查控制单元的数据总线
2	自动变速器控制单元	变速箱 1= 自动变速器控制单元经数据总线的数据接收正常 变速箱 0= 自动变速器控制单元经数据总线的数据接收不正常	
3	ABS 控制单元	ABS 1= ABS 控制单元经数据总线的数据接收正常 ABS 0= ABS 控制单元经数据总线无数据接收	
4	无显示		

5) 设定代码

奥迪 A4 汽车具备三种总线，更换组合仪表后，应根据车上的装备给网关设定代码。

(1) 连接 VAS 5052，打开点火开关，选中"车辆自诊断"选项；选中"17-仪表板"

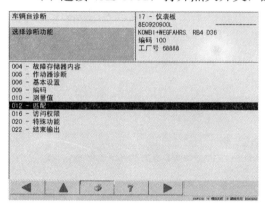

图 5.32 选中"012-匹配"选项

选项，按"下一步"按钮 ▶，进入仪表板主菜单界面（图 5.22）。

(2) 选中"012-匹配"选项，如图 5.32 所示，按"下一步"按钮 ▶。

(3) CAN 总线设定是根据总线上的控制单元数量来设定的。驱动总线是以组合仪表为基数，发动机、自动变速器、ABS 制动系统为组合数。根据该车的现有装备，再结合表 5-4 内显示的数值，将各装备的值相加输入即可。例如，该车装备的是自动变速器，则设定值=组合仪表+发动机+自动变速器+ABS制动系统=1024+1+2+4=1031。（注意：如果装配的是手动变速器，要去掉 2。）

表 5-4 驱动 CAN 总线设定表

代码	功能	设定值	控制单元
060	驱动 CAN 总线	1	发动机控制单元 J220
		2	自动变速器控制单元 J217
		4	ABS（ESP）控制单元 J104
		1024	仪表控制单元 J285

(4) 驱动 CAN 总线代码设定，输入"60"通道，按 Q 键确认，如图 5.33 所示。

输入根据装备所计算出的设定值，如 1031，按 Q 键确认，驱动 CAN 总线设定完成，如图 5.34 所示。

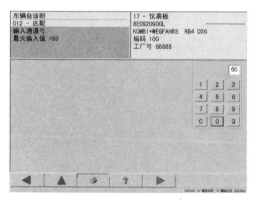

图 5.33 匹配"60"通道

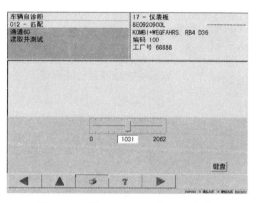

图 5.34 驱动 CAN 总线设定完成

(5) 舒适 CAN 总线和显示/信息娱乐 CAN 总线代码设定分别进入通道"61"和通道"62"，参考表 5-5 和表 5-6，按照驱动 CAN 总线的设定步骤完成即可。

表 5–5　舒适 CAN 总线设定代码表

代码	功能	设定值	控制单元
061	舒适 CAN 总线	1	汽车电气控制单元 J519
		2	舒适系统中央控制单元 J393
		64	拖车识别控制单元 J345
		256	仪表控制单元 J285
		512	轮胎压力监控 J502
		1024	转向柱电气控制单元 J527
		2048	空调控制单元 J255
		32768	驻车加热控制单元 J162

表 5–6　显示 / 信息娱乐 CAN 总线设定代码表

代码	功能	设定值	控制单元
062	显示 / 信息娱乐 CAN 总线	1	收音机控制单元 R
		2	电话控制单元 R37
		4	电子导航控制单元 J402
		8	远程通信控制单元 J499
		16	仪表控制单元 J285

2. 波形诊断与分析

数据总线系统的故障大多是短路、断路引起的，可利用示波器进行检查排除。现以 VAS 5051 中 DSO（数字存储式示波器）来举例说明。

1）驱动 CAN 总线波形检查

（1）两通道工作情况下 DSO 连线。将发动机控制单元与相对应的检测盒连接，查找相应的电路图，将 DSO 中通道 A 红色的测量线连接 CAN-High 端口，黑色的测量线搭铁；通道 B 红色的测量线连接 CAN-Low 端口，黑色的测量线搭铁，如图 5.35 所示。

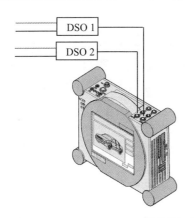

图 5.35　DSO 测量线的连接

(2) DSO 设置如图 5.36 所示。

① 通道 A 显示 CAN-High 波形。

② 通道 B 显示 CAN-Low 波形。

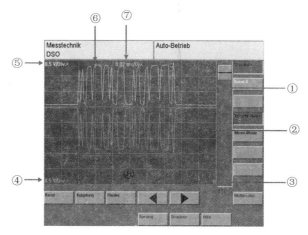

图 5.36 驱动 CAN 总线 DSO 的设置

③ 通道 A 和通道 B 的零线坐标置于等高（通道 A 的零标记被通道 B 的零标记所覆盖），在同一零坐标线下对电压值进行分析更简便、直观。

④ 通道 B 的电压/单位设定为 0.5V/Div（纵坐标）。

⑤ 通道 A 的电压/单位设定为 0.5V/Div（纵坐标）。

⑥ 触发点的设定，位于被测定信号的范围内。在 CAN-High 信号为 2.5～3.5V，在 CAN-Low 信号为 1.5～2.5V。触发点可理解为波形开始出现的点，可帮助对符合某些条件的波形进行观察。

⑦ 时间/单位值为 0.02ms/Div（横坐标）。时间单位值允许的话，应尽可能选择得小一些。

⑧ 显示为一条信息。

(3) 标准波形分析。在 CAN-BUS 中的信息传送是通过两个逻辑状态 0（显性）和 1（隐性）来实现的。每一个逻辑状态都对应于相应的电压值，控制单元根据电压差值获得数据，如图 5.37 所示。

① 通道 A 和通道 B 的零线坐标置于等高（通道 B 的零标记覆盖了通道 A 的零标记）。

② CAN-High 的隐性电压电位大约为 2.6 V（逻辑值 1）。

③ CAN-High 的显性电压电位大约为 3.8V（逻辑值 0）。

④ CAN-Low 的隐性电压电位大约为 2.4V（逻辑值 1）。

⑤ CAN-Low 的显性电压电位大约为 1.2 V（逻辑值 0）。

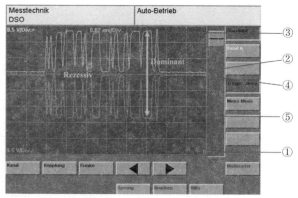

图 5.37 驱动 CAN 总线标准波形

分析：正如 DSO 显示，CAN-BUS 只能有两种工作状态。在隐性电压电位时，两个电压值很接近，两个电平之间的叠加信号变化表示 2.5V 的隐性电平。在显性电压电位时，两个电压差值大约为 2.5V（大约有 100mV 的小波动）。显性与隐性电压比较见表 5-7。驱动 CAN 总线总是利用两条线的电压差确认数据。当 CAN-High 的电压上升时，相应 CAN-Low 的电压下降。

表 5-7　驱动 CAN 总线显性与隐性电压比较

电位	$U_{(CAN-High)}$/V	$U_{(CAN-Low)}$/V	电压差 /V
显性	3.8	1.2	2.6（2.5）
隐性	2.6	2.4	0.2（0）

（4）故障波形分析。

① CAN-High 与 CAN-Low 之间短路。

故障波形分析：如图 5.38 所示，电压电位置于隐性电压值（大约 2.5V）。

② CAN-High 对正极短路。

故障波形分析：如图 5.39 所示，CAN-High 的电压电位置于 12V，CAN-Low 线的隐性电压置于大约 12V。

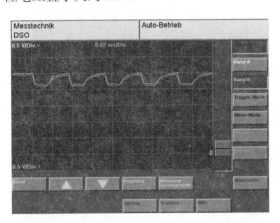

图 5.38　CAN-High 与 CAN-Low 之间短路波形　　图 5.39　CAN-High 对正极短路波形

③ CAN-High 对地短路。

故障波形分析：如图 5.40 所示，CAN-High 的电压为 0V，CAN-Low 的电压也为 0V，可是在 CAN-Low 线上还能够看到一小部分的电压变化。

④ CAN-Low 对地短路。

故障波形分析：如图 5.41 所示，CAN-Low 的电压大约为 0V，CAN-High 的隐性电压降至 0V。

⑤ CAN-Low 对正极短路。

故障波形分析：如图 5.42 所示，两条总线电压都约为 12V。

故障诊断：当出现以上短路故障波形时，可以通过插拔驱动 CAN 总线上的控制单元插接件进行判断是由于控制单元引起的短路，还是由于 CAN-High 和 CAN-Low 线路连接引起的短路。若为线路引起的短路，需要将CAN线组（CAN-High 和 CAN-Low）依次断开，同时注意DSO的图形，当故障线组被取下后，DSO的图形应恢复正常。

⑥ CAN-High 断路。

CAN-High 断路故障波形如图 5.43 所示。

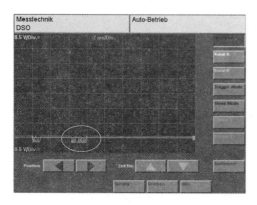
图 5.40　CAN-High 对地短路波形

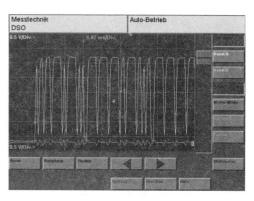
图 5.41　CAN-Low 对地短路波形

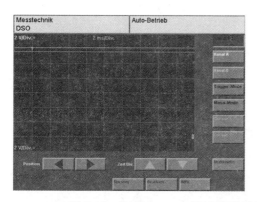
图 5.42　CAN-Low 对正极短路波形

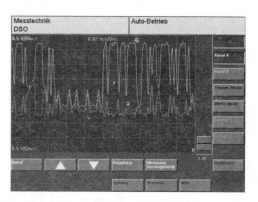
图 5.43　CAN-High 断路波形

⑦ CAN-Low 断路。

CAN-Low 断路故障波形如图 5.44 所示。

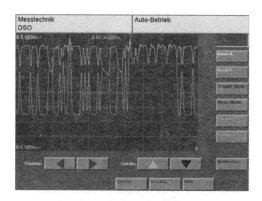
图 5.44　CAN-Low 断路波形

故障诊断：当出现以上断路故障时，用 VAS 5051 上的万用表/欧姆挡来诊断，同时通过插拔驱动 CAN 总线上的控制单元，可以判断是控制单元故障还是线路故障。

2) 舒适 CAN 总线与显示/信息娱乐总线波形分析

因舒适 CAN 总线与显示/信息娱乐 CAN 总线传输原理一样，因此在文中以舒适 CAN 总线为例进行说明。

(1) 两通道工作情况下 DSO 的连线。将中央舒适控制单元 J393 与相对应的检测盒连接，查找相应的电路图，将 DSO 中通道 A 红色的测量线连接 CAN-High 端口，黑色的测量线搭铁；通道 B 红色的测量线连接 CAN-Low 端口，黑色的测量线搭铁，如图 5.45 所示。

(2) DSO 设置。如图 5.46 所示。

① 通道 A 和通道 B 的零坐标线等高。通道 A 的零标记覆盖通道 B 的零标记。在读取数值时，可以将零线相互分开。

图 5.45　DSO 连线示意图

② 通道 A 显示 CAN-High 波形。
③ 通道 A 的电压/单位设定为 2V/Div（纵坐标）。
④ 通道 B 显示 CAN-Low 波形。
⑤ 通道 B 的电压/单位设定与通道 A 相同，便于电压电位的比较分析。
⑥ 时间/单位设定为 0.02ms/Div（横坐标），时间单位值允许的话，应尽可能选择得小一些。

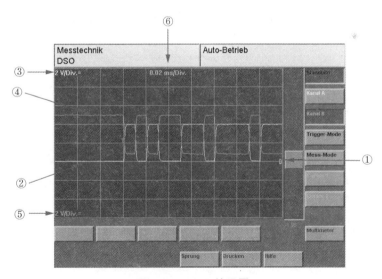

图 5.46　DSO 的设置

(3) 标准波形分析。舒适 CAN 总线和显示/信息娱乐 CAN 总线电压电位与驱动 CAN 总线显示有所不同。在舒适 CAN 总线和显示/信息娱乐 CAN 总线的 CAN-Low 隐性电位高于 CAN-High。CAN-High 的显性电位高于 CAN-Low。为了清楚地读取数值，应将两条零线分开，如图 5.47 所示。

① 通道 B 显示 CAN-Low 波形。
② 通道 A 显示 CAN-High 波形。
③ 通道 B 的零线。
④ CAN-Low 的显性电压向下没有达到零线坐标。
⑤ CAN-Low 的隐性电压。在总线不工作的状态下，5V 的隐形电压切换到 0V。
⑥ 通道 A 的零线坐标和 CAN-High 的隐性电压电位。
⑦ CAN-High 的显性电压电位。
⑧ 1bit 时间（10μs）。

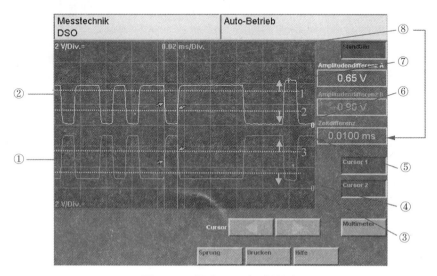

图 5.47 舒适 CAN 标准波形

分析：舒适 CAN 总线的传输速率为 100kbit/s，所以也称为低速 CAN 总线。为了使低速 CAN 总线抗干扰能力强且电流消耗低，与驱动高速 CAN 总线相比就有了一定的改动。在舒适 CAN 总线中使用了单独的功率放大器，这样 CAN-High 和 CAN-Low 之间就没有了依赖关系，也就是说 CAN-High 和 CAN-Low 不再相互影响，彼此作为独立的电压源工作。这就是舒适 CAN 总线可以单线运行而驱动 CAN 总线不能单线运行的原因。

在正常的工作模式下，控制单元使用的是 CAN-High "减去" CAN-Low 所得到的信号（差动数据传递与驱动 CAN 总线相同），这样对舒适 CAN 和显示/信息娱乐 CAN 数据总线的两条导线的干扰和影响降至最低。如果因断路、短路或与蓄电池相连而导致两条 CAN 导线中一条不工作时，就会切换到单线工作模式。在单线工作模式下，只使用完好的 CAN 导线中的信号，舒适 CAN 和显示/信息娱乐 CAN 总线仍可继续工作。

注意：舒适 CAN 总线和显示/信息娱乐 CAN 总线电压电位必须达到规定的最小区域，在 DSO 屏幕上用线条给出界限值，如图 5.48 所示。具体数据为：CAN-High 的显性电压至少大于 3.6V，隐性电压至少小于 1.4V；CAN-Low 的显性电压至少小于 1.4V，隐性电压至少大于 3.6 V，见表 5-8。如果未达到区域要求范围，控制单元将不能准确地判定电压电位的逻辑值是 0 或 1，这将导致故障存储或者单线工作状态。

表 5-8 舒适 CAN 和显示/信息娱乐 CAN 总线电压电位

电位	$U_{(CAN-High)}$	$U_{(CAN-Low)}$	电位差
显性	4V（＞3.6V 蓝线 1）	1V（＜1.4V 蓝线 4）	3V
隐性	0V（＜1.4V 蓝线 2）	5V（＞3.6V 蓝线 3）	-5 V

(4) 故障波形分析。

① CAN-High 与 CAN-Low 之间短路。

故障波形分析：如图 5.48 所示，与标准波形相比较 CAN-High 波形正常，但 CAN-Low 与 CAN-High 的电压电位完全相同。舒适 CAN 总线或显示/信息娱乐 CAN 总线因此而单线工作。这意味着，通信仅为一条线路的电压电位起作用。控制单元利用该电压电位对地值确定传输数据。

② CAN-High 对地短路。

故障波形分析：如图 5.49 所示，CAN-High 的电压置于 0V，CAN-Low 的电压电位正常。在该故障情况下，舒适 CAN 总线或显示/信息娱乐 CAN 总线变为单线工作。

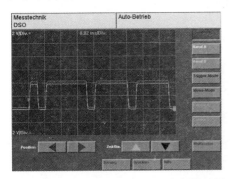

图 5.48　CAN-High 与 CAN-Low 之间短路波形　　图 5.49　CAN-High 对地短路波形

③ CAN-High 对正极短路。

故障波形分析：如图 5.50 所示，CAN-High 的电压大约为 12V 或者蓄电池电压，CAN-Low 的电压电位正常。在该故障情况下，舒适 CAN 总线或显示/信息娱乐 CAN 总线为单线工作状态。

④ CAN-High 断路。

故障波形分析：如图 5.51 所示，CAN-High 的电压大约为 0V，CAN-Low 线的电压电位正常。在该故障情况下，舒适 CAN 总线或显示/信息娱乐 CAN 总线变为单线工作。

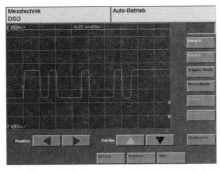 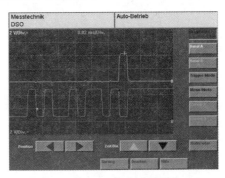

图 5.50　CAN-High 对正极短路波形　　图 5.51　CAN-High 断路波形

故障诊断：当出现以上故障波形时，可以通过插拔舒适 CAN 总线或显示/信息娱乐 CAN 总线上的控制单元进行判断是由于控制单元引起的短路，还是由于 CAN-High 和 CAN-Low 线路连接引起的短路。若是线路连接引起短路，需将 CAN 线组（CAN-High 和 CAN-Low）依次断开，同时注意 DSO 的图形。当故障线组被取下后，DSO 的图形会恢复正常。

3) 维修注意点

在 CAN 总线维修过程中，如果需要断线检查，线连接点（图 5.52）不能拆开或者剪断。因为线连接点包以绝缘层和线束扎带，要拆开线连接点，必将破坏绝缘层和扎带，从而影响线路的反射。维修检查中，如果要从线连接点上分开一个控制单元，为了不破坏线连接点，要求断开线点距离线连接点至少 100mm，如图 5.53 所示。

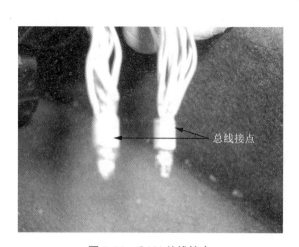

图 5.52　CAN 总线接点

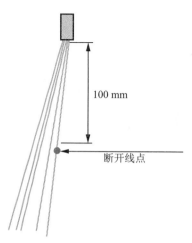

图 5.53　断开线点距离示意图

5.4　典型故障检修案例

1. 帕萨特 B5 1.8T 轿车舒适 CAN 总线故障

1) 故障现象

一辆大众帕萨特 B5 1.8T 轿车，因中控锁和电动玻璃升降器不能正常工作来站检修。维修人员对该车进行初步检查，发现点火开关无论处于开锁或闭锁位置，都只有左前门的中控锁和左前车窗的电动玻璃升降器可以正常工作，其他车窗的电动玻璃升降器都不工作；但是如果按动其他门上控制该车窗的开关，各个车窗开关均能正常工作。将车门关闭后，将车钥匙插入左前门的锁孔内，进行开锁和闭锁操作，也只有左前门的门锁能开闭；如果将钥匙插进车门锁芯内在开锁或闭锁位置保持，也只有左前车窗的电动玻璃升降器可以自动打开或关闭。

2) 故障诊断与排除

经过以上实际的操作检查，初步认定该车的舒适系统存在一定的故障。用 VAS 5051 故障诊断仪对舒适系统进行检查，连接好仪器并打开点火开关，进入舒适系统中央控制单元 J393（地址码 46）查找故障，仪器屏幕显示查找到如下 7 个故障：① 与左前门窗控制单元没有通信；② 与右前门窗控制单元没有通信；③ 与左后门窗控制单元没有通信；④ 与右后门窗控制单元没有通信；⑤ 与 CAN 数据总线诊断接口 J533 没有通信；⑥ 舒适系统数据总线单线运行模式；⑦ 控制单元编码不正确。

为了查看舒适系统中央控制单元编码值，重新进入舒适系统单元模块，查看该模块的版本信息，发现编码为 00017，确实不正确。接下来使用 VAS 5051 对舒适系统进行正确的 00259 编码，并清除所有故障记录，此时控制单元的不正确编码和 CAN 数据总线单线运行模式的故障记录已经清除，但是其他故障仍然无法清除。

因为帕萨特 B5 轿车的 4 个车门控制单元和中央舒适系统控制单元之间的信号是通过 CAN 数据总线传递的，如图 5.54 所示。舒适 CAN 总线通过两根相互绞合的信号线同时传递相同数据，一根为 CAN-High（橙/绿色），一根为 CAN-Low（橙/黄色）。舒适系统所有的控制单元都连接在舒适 CAN 总线上进行数据交换和信号传递，另外，位于组合仪表中的数据总线诊断接口与数据总线随时保持通信，检测总线的工作状态。如果各个车门控制单元与舒适系统中央控制单元 CAN 数据总线无法正常通信，就会导致左前车门控制单元至中控开关的信号无法正常传递到其他 3 个车门控制单元，并且所有的车门控制单元只能接收直接输入到该控制单元的电动玻璃升降器开关信号。所以，排除该车故障的关键就是查找各个车门控制单元和中央控制单元 CAN 数据总线无法通信的原因。

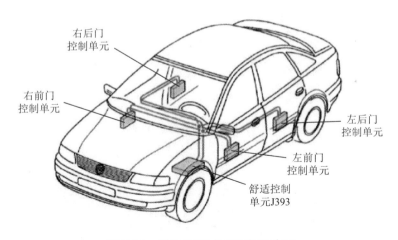

图 5.54　舒适 CAN 总线连接示意图

为了确定中央控制单元、各个车门控制单元与数据总线的连接情况，通过 VAS 5051 进入 46-08-012，观察数据组测量值，4 组数据用数值"1"或"0"分别代表驾驶人侧车门、右前车门、左后车门及右后车门控制单元与舒适系统中央控制单元 CAN 数据总线的连接状态，此时 4 组数据均为"0"，说明各个车门控制单元与总线通信确实有故障，但还是无法确定具体的故障点。

为了进一步查找 CAN 总线无法通信的原因，首先拆卸舒适系统中央控制单元（位于驾驶人侧座位地板下）进行检查，经检查，发现线路连接上没有问题。为了排除中央控制单元中存在问题的可能，更换了新的控制单元，但故障依旧，说明舒适系统中央控制单元没有问题。

由此推断故障在舒适总线或车门控制单元上。接上 VAS 5051 利用 DSO 进行波形分析，静态时发现 CAN-Low 波形正常，CAN-High 断路。当操作中控锁开关和电动玻璃升降器开关时，发现 CAN-Low 显性电压明显降低（小于标准值），舒适系统传输中断。因为各个车门的 CAN 总线从各个车门引出后都在中央控制单元插头后面的线束内汇总，最后引至中央控制单元。为了确定具体是哪一个车门控制单元或 CAN 通信线路有问题，只要分别断掉各个车门 CAN 数据总线的连接，即可确定哪个车门控制单元或 CAN 通信线路存在故障。

断掉左后车门控制单元的两根数据总线，故障波形仍然存在。当断掉右后车门控制单元的数据总线时，波形突然正常。此时操作电动玻璃升降器和中控锁开关，除了右后车门不动外，其他车门工作一切正常。查询故障，只有右后车门有无法通信的故障记录，由此确定右后车门控制单元或 CAN 总线某点存在故障。

因仓库没有车门控制单元，只能对线束先进行检查，发现右后门窗控制单元组合插头后的 CAN-High 线路（橙/绿色）有一处已经接近断路，将断点重新连接并且包扎好，再连接事先断掉的 CAN 总线。此时，无论从车外通过车钥匙操作中控锁和电动玻璃升降器使其工作，还是通过车内中控开关操作，以前的故障都未再现。再用 VAS 5051 查询故障，也没有任何故障记录，至此故障彻底排除。

3）故障总结

由于右后门的车门控制单元到中央控制单元的 CAN-High 线路接触不良，当右后门电动玻璃升降器或闭锁电动机工作振动时，接触不良的断点会使通信中断或产生不规律的信号脉冲，干扰 CAN 总线的正常通信，中央控制单元的信息无法可靠传递给其他单元，并记录这些故障，最终停止通信，从而出现该车故障。

2．POLO 1.4L 轿车不能起动

1）故障现象

一辆三厢上海大众 POLO 1.4L 手动舒适型轿车（2003 年产），发动机无法起动，不能正常行驶。

2）故障诊断与排除

初检该车，起动时，起动机运转正常，蓄电池电量充足，但发动机无法起动。打开点火开关后，观察仪表指示灯，仅有 ABS 和安全气囊指示灯不灭。根据推断，即使这两个系统有故障也不该影响发动机正常起动。

检查熔丝架上发动机各相关熔丝，均正常无损坏。用燃油压力表检测发动机燃油系统的压力正常。拔下喷油器的插头，接上发光二极管，起动发动机，发现发光二极管仅闪烁了一下。拔下点火线圈的插头，测量 3 号插脚有 12.7V 电源。1、2 号脚搭铁正常。用发光二极管接在 2、4 号插脚间，起动发动机，发现发光二极管也仅只闪烁了一下。说明起动发动机时发动机控制单元并没有发出点火和喷油的控制信号，所以发动机不能起动运转。

使用 VAS 5051 读取各控制单元内的故障存储。发现 ABS、安全气囊系统、电子仪表、电动转向系统均无法通信。在发动机控制单元内存储两个故障内容：发动机控制单元失效和 CAN 总线硬件损坏。而在数据总线的诊断接口和车辆电气系统控制单元内均存储 6 个故障内容：驱动链数据总线损坏（故障码 01312）、电动转向控制单元 J500 没有通信（故障码 01309）、发动机控制单元无信息交换（故障码 01314）、制动控制单元无信息交换（故障码 01316)、仪表板中带指示灯装置的控制单元 J285 无信息交换（故障码 01317)、安全气囊控制单元 J234 无信息交换（故障码 01321)，并且均为永久性故障。清除故障后起动发动机，故障内容再次出现并被存储在各自的控制单元内。根据日常的维修经验，不会有多个系统的控制单元同时损坏而无法通信。故障应该出在这些控制单元的共同部位或者驱动 CAN 总线存在故障。

通过 VAS 5051 的引导型故障查询，不能准确地查找到故障位置。此时应该从该车最初表现出的故障入手。通过与用户沟通，了解到该车最初是转向助力系统出现故障，转向无助力。于是重点查看该车电控转向助力系统，发现该车曾经出过事故，转向助力泵上的线束插头破损后都是用单个插头插接的。仔细查看该线束，发现 CAN-BUS 数据总线的橙/棕色和橙/黑色高、低线外层绝缘皮破损，相互短接在一起。整修线束及插头后，用 VAS 5051 查询各个控制单元的故障存储，发现各控制单元内存储的故障内容均变为 SP（偶发）故障，并且 ABS、安全气囊系统、电子仪表、电控转向助力系统均可以正常通信。清除各个控制单元内存储的故障后，可以正常起动发动机，发动机工作稳定。再次用 VAS 5051 查询发动机控制单元，无故障内容存储。查看各组数据流，显示值均在正常范围内。再次查询各个控制单元故障存储内容，均无故障存储，至此，故障全部排除，各个系统均恢复正常，维修结束。

3）故障总结

装有 CAN 数据总线的车辆出现故障，维修人员应首先检测数据总线传输系统是否正常。如果数据总线系统有故障，则整个汽车数据总线传输系统中的有些信息将无法传输，接收这些信息的控制单元将无法正常工作，从而为故障诊断带来困难。对于汽车数据总线传输系统故障的维修，应根据数据总线传输系统的具体结构和控制回路具体分析。通过该车的故障现象（多个控制单元无法通信、显示驱动 CAN 总线损坏），可以判断该车数据总线传输系统的链路出现故障。

习 题

1. 汽车车载网络系统的优点？
2. MOST 总线的功能和特点是什么？
3. 简述汽车数据总线传输系统的结构和工作原理。
4. 简述车载网络系统中网关的工作原理。
5. 简要说明奥迪 A4 汽车数据总线传输系统的结构和工作原理。
6. 车载网络系统的故障有哪些？如何进行维修？
7. 简述奥迪汽车驱动 CAN 数据总线波形标注含义。
8. 查找资料，画出 2013 年款一汽宝来轿车车载网络系统简图，并说明数据总线传输原理。

第 6 章
汽车影音与导航系统

 本章教学目标

熟悉汽车音响的特点、组成与工作原理；
熟悉车载导航系统的组成、功能与改装；
掌握各车型影音与导航系统组成与各自的特点；
分析并掌握汽车影音系统的检测方法及故障诊断步骤。

本章教学要点

知识要点	能力要求	相关知识
汽车音响系统基础知识	熟悉汽车音响的特点、组成与工作原理	汽车音响系统的特点、组成、结构与工作原理
汽车导航系统	熟悉车载导航系统的组成、功能与改装	车载导航系统的组成、功能与改装
典型车型影音与导航系统	掌握各车型影音与导航系统组成与各自的特点	奥迪、宝马车型多媒体系统的组成与工作原理
典型故障案例及分析	掌握汽车影音系统的检测方法及故障诊断步骤	案例分析

6.1 汽车音响系统基础知识

汽车音响的发展史也是电子技术的发展史,早在 1923 年,美国首先出现了装备无线电收音机的汽车,随后许多汽车都在仪表板总成上安装了无线电收音机,这时候车用无线电收音机都使用电子管。20 世纪 50 年代出现半导体技术后,轿车收音机出现了技术革命,用半导体管逐步取代了电子管,提高了汽车收音机的使用寿命。

20 世纪 70 年代初,卡式收录机进入了市场,一种可播放卡式录音带的车用收放两用机出现在汽车上,同时机芯开始应用集成电路。直至 90 年代末,一般汽车的音响多以一个卡式收放两用机与一对扬声器为基础组合,扬声器分左右两路声道,有的置于仪表板总成的两侧,有的置于车门,有的置于后座的后方,收放两用机输出功率多在 20W 左右。

1981 年,标准 CD 规格颁布,汽车音响开始向这一新兴的电子技术靠拢,随后大功率多路输出、多扬声器环绕音响、多碟 CD 系统等各种汽车音响新技术诞生。1987 年,MP3 格式诞生,汽车厂商于是对汽车音响做出调整,使其在能够播放 CD 光盘的同时兼容播放 MP3 格式的光盘。2003 年,第三代 iPod 诞生,为此许多汽车产品都特意开发了 AUX in 输入接口,以便让那些追求潮流的车主能够在行车时欣赏自己 iPod 播放器里的音乐。

目前,汽车音响最新的发展方向是由原来单纯追求听觉享受的产品向视、听、导航等多媒体产品升级,许多汽车音响尤其是高端车型的汽车音响都与车内的多媒体系统结合为一体,不仅能够播放各种格式的音频文件,还能够播放 DVD 光盘,同时还可以实现车况调整、空调操作、路径导航、车载电话等多种功能。

6.1.1 汽车音响系统的特点及组成

1. 汽车音响的特点

1) 主机的体积受限

汽车音响绝大多数都安装在仪表板位置上,仪表板内的空间比较狭窄,因此汽车音响主机的体积必然要受到限制。

2) 受汽车行驶振动的影响

汽车在行驶过程中会产生很大的振动,在安装主机时要尽量追求高稳定性和高可靠性。CD 播放机要采用多级减振措施,并要求电路板上的元件焊接绝对可靠。

3) 扬声器的安装位置

车内空间有限,因此汽车音响扬声器不可能像家用音响那样由若干个大音箱组成,这就需要因地制宜地利用仪表板、车门等部件,将其同扬声器有机地结合起来,形成一种类似音箱的构造,消除声波的相互叠加现象。扬声器的安装位置往往影响着汽车音响的音质效果,如果安装技术不过关,行车过程中播放音乐,扬声器会与车门内饰板产生共振,严重影响播放效果。

4) 受电磁干扰

汽车音响还会随时受到汽车发动机点火装置及各种用电器的电磁干扰,尤其是车上所有电器都用一个蓄电池,更会通过电源线及其他线路对音响产生干扰,严重影响音响效果。目前汽车音响的防干扰技术一般采用在电源与音响之间加装电感元件的方式进行滤波,对空间辐射干扰采用金属外壳密封屏蔽，或在音响中专门安装抗干扰的集成电路，用以降低外界的噪声干扰。

2．汽车音响系统组成

目前，大多数汽车音响系统都是在传统的汽车音响的基础上增加了视频信号源（AV功能），即 VCD 影碟机或 DVD 影碟机，同时增加了显示器，成为多媒体系统。汽车多媒体系统由四大部分组成：主机（信号源）、放大器、扬声器和车载显示器。

1）主机

主机也称信号源，是汽车多媒体系统的节目源，包括汽车收音机（调谐器）、磁带放音机、CD 唱机、车用 VCD 机或 DVD 机等。目前，普通中低档车用视听系统的主机主要是车用收放两用机和 CD 机，高档汽车视听系统的主机主要是收放两用机、车用 DVD 机，还可以选装 MP3 和 MD 唱机。目前一种常见的主机如图 6.1 所示。

2）功率放大器

功率放大器简称功放，其主要作用是将音频信号进行功率放大（电流放大），然后推动扬声器发出声音。按功能不同又分为前置放大器、功率放大器和环绕声放大器等类型。功率放大器如图 6.2 所示。

图 6.1　主机　　　　　　　　　　图 6.2　功率放大器

3）扬声器

汽车扬声器（图 6.3）是能把电信号转换成声音的电－声转换器件，是音响系统中不可或缺的重要器材。汽车扬声器的品质、特性，对整个音响系统的音质起着决定性作用。为了能欣赏立体声，车内至少需要装两只扬声器。高档轿车多媒体系统为了达到车内逼真的移动影院效果，一般在汽车的两侧车门和后部设置多个扬声器，具有多声道输出功能。

图 6.3　扬声器

扬声器有两个接线柱（两根引线），当单只扬声器使用时两根引脚不分正负极，多只扬声器同时使用时两个引脚有正负极之分。扬声器的主要性能指标有灵敏度、频率响应、额定功率、额定阻抗、指向性及失真度等。

4）车载显示器

车载显示器（图 6.4）实质上就是车载电视，是能够在汽车上使用的显示器，方便在汽车运动中使用。车载显示器有彩色显像管式和液晶显示器两种。目前轿车 VCD 或者 DVD 使用的显示器一般为液晶超薄显示器，而大型客车一般使用的是电视机。

图 6.4 车载显示器

6.1.2 汽车音响基本配置

1. 基本配置

汽车音响系统基本上和家用音响一样,由音源主机、功率放大器、扬声器等组成。音源主机内一般也集成功率放大器,但其驱动功率很小,如果想得到更好的音质或推动更大功率扬声器,那么安装一个或更多的功率放大器是非常必要的。同样扬声器数量也影响着音响效果,仅仅使用左右各一只扬声器,其动态范围狭窄,难以播出家用音响那样丰富的低音和鲜明的高音效果。所以若想表现各个频域,就应该选用高音域的高音扬声器、中低音的中低音扬声器,还有重低音用的重低音扬声器或低音炮这类辅助系统。其设置多为,高音扬声器主要在控制面板上,中音扬声器在前门,重低音扬声器在车内。在某些场合,为了能充分驱动几个扬声器,必须装有数个功率放大器。

2. 配置原则

1) 系统平衡原则

价格的平衡性:整个汽车音响系统的档次要和汽车的听音环境相配合。一部价格为二三十万元的轿车,通常车内噪声较小,车体较厚,隔音效果不错,则搭配 1 万~2 万元的高档音响不足为过。

搭配的平衡性:搭配汽车音响时一定要考虑一套音响各个组成部分的平衡,即主机、功率放大器、扬声器和线材等都要进行恰当的选择,合理使用。切忌在配置中,某一部分使用相差悬殊的设备器材,太高,发挥不出其效能;较差,又会使整套系统指标下降。

2) 大功率输出原则

大功率输出原则是指在一套音响系统中,主机或功率放大器的输出功率一定要大,因为它们的输出功率越大,表明它们能够控制的音频线性范围越大,也就意味着其驱动扬声器的能力越强,而小功率的功率放大器不仅容易引起声音上的失真,更会导致功率放大器或者扬声器烧毁。

3) 音质自然重放原则

音质自然重放原则是指高音清脆而不失细腻,延伸好;中音丰富绵密,质感强烈;低音醇厚而不失刚劲。总之,重放的频响越宽越好。当专业音响人士评判一套音响系统的优劣时,都会不约而同地将其频响曲线的平滑性作为评价的主要客观参数。

3. 配置形式

1) 主机 +4 只(两对)扬声器

如图 6.5 所示,该种配置形式要求音源主机必须内置功率放大器,并且主机有一定的推动能力。通常原车都是这种配置，结构简单，布置方便。需要指出的是，所有主机上标明的功率输出值都是峰值功率，由于主机内空间的限制，以目前通用的技术还无法使内置功率放大器的效果达到外置功率放大器般的强劲及高清晰的解析度。

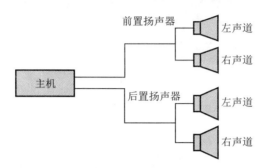

图 6.5　主机 +4 只扬声器

2）主机 + 功率放大器 +4 只（两对）扬声器

如图 6.6 所示，这种搭配在中档轿车中最常见，一般推荐前置扬声器用套装，以获得较好的声场定位，后置扬声器推荐低音较好的扬声器，或者同轴扬声器，声音更饱满，该种搭配适于欣赏传统音乐、流行歌曲、交响乐等。

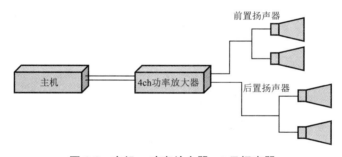

图 6.6　主机 + 功率放大器 +4 只扬声器

3）主机 + 功率放大器 +4 只（两对）扬声器 + 超低音扬声器

如图 6.7 所示，这种配置为较高级配置，从高音到低音都有很好的表现，最适合播放爵士乐、摇滚乐、重金属音乐等。应注意的是，配置的设备越多，出现问题的可能性就越大。同时，也要考虑车内空间情况及安装条件等。

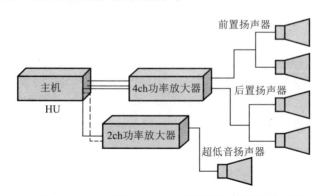

图 6.7　主机 + 功率放大器 +4 只扬声器 + 超低音扬声器

另外，车主可以根据自己的兴趣爱好、视听效果等对主机、功率放大器和扬声器等进行搭配。如图 6.8 所示为发烧级车主推荐的汽车音响配置方案。

图 6.8　主机 +2 只功率放大器 +12 只扬声器

4．扬声器配置对声场布局的影响

车内扬声器的配置、安装位置及方向是影响声场的一个重要因素，应根据各种扬声器的特征、功率、频响范围来配置和布局。

1）前置扬声器的配置

前置扬声器一般采用的是套装扬声器。声音的方向取决于高频部分，所以高音扬声器的安装位置就决定了声场的方位。因此高音扬声器被安排在靠前的位置，如 A 柱上或是仪表板两侧。选择套装扬声器是由于其高音是独立的，可以轻易地装在上述两个位置。但这也存在一个问题，如果中音和高音分得太开，不利于声场的准确性。而在套装扬声器中，中音扬声器一般被安装在前车门上，这样就和高音扬声器有一定的距离，将使整个声场后退。所以，在条件允许的情况下，前置高音扬声器和中音扬声器应尽量保持较近的距离。

2）后置扬声器的配置

后置扬声器一般不太重视高音部分，强调的是中低音的表现，只能作为整个声场的一个补充，使声音具有一定的厚度和层次。通常选用的是全音扬声器和同轴扬声器。

3）超低音扬声器的配置

超低音扬声器大都安装在车后行李箱内。由于超低频的波长通常都超过 4m，人耳是感受不出它的方向的。但是在与后置扬声器的衔接不太好时，超低频的频段可能和中低频的部分频段重合，等于大大加强了中低频的响度，于是整个声场被拉后了。在调音时应考虑，如果只是听听流行音乐，选择 253mm、200mm 的低音扬声器即可。如果想听更低沉的"隆隆"声，则可选用 300mm 以上的低音扬声器。应指出的是，低音扬声器的口径和车厢容积的大小关系不大,只是和频率有关;音箱的制作水平和最终效果的关系也是非常大的。

6.1.3 汽车音响系统结构与工作原理

1. 主机结构

汽车音响的主机是整个汽车音响系统的核心,其结构较为复杂且精密。下面将以典型的汽车音响主机为例,介绍汽车音响的整机结构。汽车音响的主机可以分为外部结构和内部结构两大部分,其中内部结构根据功能又可分为电路结构和CD机芯结构。

1) 汽车音响主机的外部结构

汽车音响主机的外部结构是指从外观上可以观察到的各种组成部件,如图6.9所示。

汽车音响主机从外观来看主要可以分为操作面板、围框、前盖板、上盖板和后盖板等部分,3个盖板主要用来保护主机内部的CD机芯及电路板等组件,在后盖板上还安装有音频接口和接线端口,用来与供电线和功率放大器、扬声器等进行连接。

图6.9 主机外部结构

2) 汽车音响主机的内部结构

打开汽车音响主机的前、上、后盖板部分即可以看到其内部的结构组成,主要可以分为两部分,即CD机芯部分和电路部分。

图6.10 CD机芯结构

(1) CD机芯部分。CD机芯结构如图6.10所示。CD机芯部分的结构比较复杂,属于机械部分。将CD机芯部分的端盖及支架拆卸后,便可以看到其内部的部件,主要由机芯上盖、机芯外壳、激光头组件、光盘托架(压盘、光盘夹臂等)、进给电动机、主轴电动机、齿轮组件、接线板等组成。

(2) 电路部分。汽车音响的电路部分由主电路板和操作显示电路板组成。其中,主电路板位于CD机芯的下方,是汽车音响中最大的一块电路板,主要用来安装FM/AM收音电路、CD电路、功率放大器电路及系统控制电路等,其实物如图6.11所示;操作显示电路板位于主机前盖板处,是人机交互的接口,由操作按键、LCD显示屏及LCD显示屏驱动电路等组成,主要用来输入人工指令及用来显示汽车音响的工作状态,将汽车音响主机前盖板拆开后,便可以看到操作显示电路板(图6.12)。

图 6.11　汽车主电路板

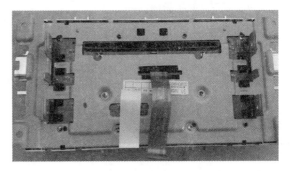

图 6.12　操作显示电路板

2．功率放大器

功率放大电路由前置电压放大级、推动级、功率放大级、扬声器等组成，前置级是电压放大级，最后一级是功率放大级，将前置级送来的信号进行功率放大，获得足够的功率输出到扬声器，推动级用以提供功率输出级所需的较大的输入信号功率。功率放大器工作原理如图 6.13 所示。由于考虑功率、阻抗、失真、动态及不同的使用范围和控制调节功能，不同的功率放大器在内部的信号处理、线路设计和生产工艺上各不相同。

图 6.13　功率放大器工作原理

3．扬声器

扬声器单元的种类很多，分类方法也各不相同。

1) 按电－声换能方式的不同分类

按电－声换能方式，扬声器可分为电动式扬声器、压电陶瓷扬声器和电容式扬声器等。

2) 按放音频率范围分类

按放音频率范围，扬声器可分为低音扬声器、中音扬声器、高音扬声器及全频带扬声器四种。

3) 按电－声转换的原理分类

按电－声转换的原理，扬声器可分为锥盆式扬声器、平板式扬声器、球顶式扬声器和带式扬声器等。其中，锥盆式扬声器和平板式扬声器比较适合做低音单元，高音单元常采用球顶式扬声器，也有部分中音单元采用球顶式扬声器。目前最常见的低音单元和中音单元从转换的原理上讲都属于电动式扬声器，它们都采用锥盆状的振膜，因为这种形状的振膜设计成熟、性能良好。高音单元最常用的球顶式扬声器从工作原理上讲也属于电动式扬声器。

电动式扬声器的结构如图 6.14 所示，由如下三部分组成。

驱动系统：包括磁钢，导磁柱，前、后导磁板和音圈五部分。导磁柱和后导磁板一般合在一起称为 T 铁，前导磁板又称上夹板或华司。磁钢通过 T 铁和前导磁板之间的磁隙构成磁回路，在磁隙中产生很高的磁场强度。音圈沿卷幅的中心对称地放在磁隙的正中央。

振动系统：由振动板（即锥盆，也称音盆或胴体）和防尘帽构成，是扬声器直接发声的部分。它在音圈的驱动下，在定心支片和折环的支撑下来回振动发声。

支撑系统：含定心支片（俗称弹波）和折环（又称为悬边）两部分，两者的配合可使音圈在动态和静态时均能与导磁柱同心，并给振动系统提供一定的恢复力。由定心支片和折环所形成的刚性或柔顺性会影响振动板的移动速度，从扬声器的特性而言，定心支片提供约 80%，折环提供约 20%。折环有两个重要的功能，它的原始作用是保持音圈处于极片间隙的中心，然而对于振动模式而言，折环所造成的阻尼作用也非常重要。

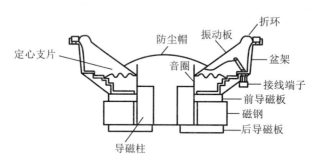

图 6.14　电动扬声器结构图

6.2　汽车导航系统

6.2.1　导航系统简介

目前全世界有 4 套卫星导航系统：美国 GPS、欧洲"伽利略"、俄罗斯"格洛纳斯"、中国北斗。

美国 GPS：由美国国防部于 20 世纪 70 年代初开始设计和研制，于 1993 年全部建成。1994 年，美国宣布在 10 年内向全世界免费提供 GPS 使用权，但美国只向外国提供低精度的卫星信号。该系统有美国设置的"后门"，一旦发生战争，美国可以关闭对某地区的信息服务。

欧洲"伽利略"卫星导航系统：1999 年，欧洲提出计划，准备发射 30 颗卫星，组成"伽利略"卫星定位系统，2009 年该计划正式启动。

俄罗斯"格洛纳斯"卫星导航系统：尚未部署完毕。始于 20 世纪 70 年代，需要至少 18 颗卫星才能确保覆盖俄罗斯全境；如要提供全球定位服务，则需 24 颗卫星。

中国北斗卫星导航系统：我国正在实施的自主发展、独立运行的全球卫星导航系统。系统建设目标是建成独立自主、开放兼容、技术先进、稳定可靠的覆盖全球的北斗卫星导航系统，促进卫星导航产业链形成，形成完善的国家卫星导航应用产业支撑、推广和保障体系，推动卫星导航在国民经济社会各行业的广泛应用。

6.2.2　车载导航系统组成与功能

车载导航系统因普遍采用 GPS 技术，所以又称车载 GPS 导航系统，这是一个由覆盖全球的 24 颗卫星组成的卫星系统。这个系统可以保证在任意时刻，地球上任意一点都可以同时观测到 4 颗卫星，以保证卫星可以采集到该观测点的经纬度和高度，以便实现导航、定位、授时等功能。

1. 车载 GPS 导航系统组成

车载 GPS 导航系统由三部分组成：空间部分——GPS 星座，地面控制部分——地面监控系统，用户设备部分——GPS 信号接收机。

1) 空间部分

GPS 的空间部分是由 24 颗工作卫星组成的，位于距地表 20200km 的上空，均匀分布在 6 个轨道面上（每个轨道面 4 颗），轨道倾角为 55°。此外，还有 4 颗有源备份卫星在轨运行。卫星的分布使得在全球任何地方、任何时间都可观测到 4 颗以上的卫星，并能保持良好定位解算精度的几何图像。这就提供了在时间上连续的全球导航能力。GPS 卫星产生两组电码，一组称为 C/A 码（Coarse/Acquisition Code，11023MHz）；一组称为 P 码（Procise Code，10123MHz）。P 码因频率较高，不易受干扰，定位精度高，因此受美国军方管制，并设有密码，一般民间无法解读，主要为美国军方服务。C/A 码人为采取措施而刻意降低精度后，主要开放给民间使用。

2) 地面控制部分

地面控制部分由 1 个主控站、5 个全球监测站和 3 个地面控制站组成。监测站均配装精密的时钟和能够连续测量到所有可见卫星的接收机。监测站将取得的卫星观测数据，包括电离层和气象数据，经过初步处理后，传送到主控站。主控站从各监测站收集跟踪数据，计算出卫星的轨道和时钟参数，然后将结果送到 3 个地面控制站。

3) 用户设备部分

用户设备部分即 GPS 信号接收机。其主要功能是能够捕获到按一定卫星截止角所选择的待测卫星，并跟踪这些卫星的运行。当接收机捕获到跟踪的卫星信号后，即可测量出接收天线至卫星的伪距离和距离的变化率，解调出卫星轨道参数等数据。根据这些数据，接收机中的微处理计算机就可按定位解算方法进行定位计算，计算出用户所在地理位置的经纬度、高度、速度、时间等信息。

接收机硬件和机内软件及 GPS 数据的后处理软件包构成完整的 GPS 用户设备。GPS 接收机的结构分为天线单元和接收单元两部分。接收机一般采用机内和机外两种直流电源。设置机内电源的目的在于更换外电源时不中断连续观测。在用机外电源时机内电池自动充电。关机后，机内电池为 RAM 供电，以防止数据丢失。目前各种类型的接收机体积越来越小，质量越来越轻，便于野外观测使用。

2. 功能

车载 GPS 导航系统具有 GPS 卫星导航定位、电子地图浏览查询、全程的语音提示、智能的路线规划等功能，具体介绍如下。

1) 导航功能

使用者在车载 GPS 导航系统上任意标注两点后，导航系统便会自动根据当前的位置，为车主设计最佳路线。有些系统还有修改功能，假如用户因为不小心错过路口，没有走车载 GPS 导航系统推荐的最佳线路，车载 GPS 导航系统会根据车辆所处的新位置，重新为用户设计一条回到主航线路的最佳线路。

2) 电子地图

车载系统都配备了电子地图,一般覆盖全国的各大省会城市,功能强大的地图系统包含了中小城市,城市数目达到了近 400 个。利用电子地图可以随时查看目的城市的交通、建筑等情况。

3) 语音提示功能

如果前方遇到路口或者转弯,系统具有转向语音提示功能,这样可以避免车主走弯路。此外,可以查阅街道及其周围建筑物,甚至可能具有一些城市交通中的单行线、禁左、禁右等路况信息供查阅。

4) 定位功能

车载 GPS 导航系统通过接收卫星信号,准确地定出其所在的位置,位置误差小于 10m。如果机器里带地图,就可以在地图上相应的位置用一个记号标记出来,同时,车载 GPS 导航系统还可以显示方向、海拔高度等信息。

5) 测速功能

通过车载 GPS 导航系统对卫星信号的接收计算,可以测算出行驶的具体速度。

6) 显示航迹

如果去一个陌生的地方,车载 GPS 导航系统带有航迹记录功能,可以记录下用户车辆行驶经过的路线。回程时,用户可以根据其航迹记录按原路返回。

6.2.3 汽车导航系统加装

目前部分中高档轿车在出厂时已经标配了汽车导航系统,但仍有多数轿车在出厂时只配置了 CD 机,并未配置汽车导航系统。车主可以根据使用情况配置汽车导航系统,如便携式 GPS 导航仪或者加装 DVD 导航一体机。因为 DVD 导航一体机不仅能够兼容碟片、iPod、收音机、MP3 等媒介,还集成蓝牙电话、倒车影像与 GPS 导航功能,所以加装 DVD 导航一体机较为普遍。下面以新宝来轿车为例,详细阐述汽车 DVD 导航一体机的选购与加装流程。

1. 汽车 DVD 导航一体机的选购

车载 DVD 导航一体机是一种以 DVD 播放、导航功能的车载主机。它一般用来取代原车的 CD 主机。如果是专车专用设计,它的电源插头、音响线将与原车完全对插,不改变原车任何线路,并且外观、尺寸与原车风格统一。

目前国内市场上的车载 DVD 导航一体机品牌主要有华阳、飞歌、欧华、纽曼、路畅、凯振、科骏达、卡仕达、路特仕、索莱特、飞利浦等。车载导航仪的选用一般考虑如下几个方面。

1) 导航仪的功能是否符合意愿

首先检查导航和路线规划这两个基本功能,如果可以,再考虑其他功能。另外,还应考虑其他三个方面:导航仪屏幕应高清高亮、具有集成蓝牙电话、惯性导航。如果经常在隧道或深山开车,GPS 信号丢失是常有的事,如果有了惯性导航就可以解决无卫星信号时的导航问题。

2) 导航仪的售后服务是否到位

一款好产品的品牌概念是基于它的质量和服务的,在选购车载 DVD 导航一体机时同样也是如此，可以看看商家售后体系如何及用户评价如何，用以参考。

3) 导航仪的质量是否过关

导航仪品牌众多，要知道哪个品牌质量可靠，首先要了解导航仪的品牌简史，其次了解产品有没有经过相关机构的认证，再次可以通过网络渠道获取用户反馈信息等。

4) 导航仪的特色

导航仪有没有与众不同之处，或者与车辆的安装兼容性等因素都是选购时考虑的因素。

2．导航仪选购与安装实例

车型：2014年款斯柯达野帝1.4TSI探索版SUV轿车。

客户要求：加装DVD导航一体机。要求选取品牌较好，显示屏分辨率较高，带蓝牙电话功能，能实现倒车影像，最好与原车通信协议兼容。

推荐及理由：根据车主的要求调研分析，满足与原车通信协议兼容的只有德赛西威导航仪，根据德赛西威公司提供的参数看，其显示屏的分辨率较高，支持蓝牙功能和倒车影像等，所以此次主机选用德赛西威SV2313型。该型号主机的具体亮点功能如下。

(1) 原车总线兼容；支持空调信息显示；支持OPS+RVC同屏显示；支持车辆信息显示（如剩余燃油量、蓄电池电压等）；主动提示车身警告信息（车门未关、安全带信息等）。

(2) 主机采用进口高性能GPS模块芯片，定位精准；支持2D/3D地图任意切换；支持固定点电子眼信息显示及自动导航语音提示。

(3) 7in（1in=2.54cm）真彩色全触摸液晶屏；WinCE 6.0操作系统，支持全高清视频硬件解码；支持HIFI级音频硬件解码；配备AUX/SD/USB多媒体接口、Line Out接口。

(4) 可配置高清后置摄像头；支持原车转向盘；支持模拟DVD模块红外通信协议。

加装方法如下。

(1) 用手或塑料撬棒直接把原车CD屏幕上的塑料盖板拆下来，如图6.15所示，然后拆下主机上面的四颗固定螺钉。

图6.15　拆下原车CD主机

(2) 拆下原来的主机，换上德赛西威SV2313型主机，如图6.16所示。

(3) 德赛西威主机和原车主机后面插接件兼容，直接对插即可，但德赛西威主机后面有两根CAN总线，需要把CAN-H和CAN-L接到该车网关模块上第20号针脚和第10号针脚。

(4) 将德赛西威主机安装到位，效果如图6.17所示。

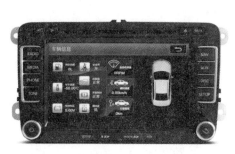
图 6.16 德赛西威 SV2313 型主机

图 6.17 加装 DVD 导航一体机后效果图

6.3 典型车型影音与导航系统

6.3.1 奥迪汽车多媒体系统

奥迪汽车多媒体交互（Multi Media Interface，MMI）系统于 2002 年首次在奥迪 A8 汽车上推出，位于中间通道上的中央操作按钮和用于选择主要功能的大尺寸功能键使用起来方便快捷，各个按键的操作逻辑清晰，MMI 显示屏上的显示画面与这种操作逻辑完全对应，音频、电视、信息、电话和导航显示直观。

在奥迪 A6、Q7、A8 和新款 Q5 系列车型中采用了第三代 MMI 系统。第三代 MMI 系统采用了 MOST 总线通信方式。这种总线能实现非常高的数据传输率，可以满足传输音频数据的需要。第三代 MMI 系统共有 4 种类型，分别为 MMI Radio、MMI Radio plus、MMI Navigation、MMI Navigation plus。

1．各类型简介

1）MMI Radio

MMI Radio 在功能上与先前的第二代 MMI Basic 大体相同。它带有一个单碟 CD、驱动器和一个带三路调谐器的收音机。该款收音机在所有第三代 MMI 系统中都是相同的。此外，它还有一个 6.5in 彩色显示器，可以选配连接一个 CD 换碟机。

2）MMI Radio plus

与 MMI Radio 相比，MMI Radio plus 增加了奥迪汽车音响系统（标准音响）、单碟 CD、驱动器，可以播放 MP3 文件。MMI Radio plus 具有两个 SD 读卡器，并可选配数字调谐器。此外，它还可以选购顶级音响系统、通用手机准备系统（UHV）或者奥迪汽车音乐接口。如果 MMI Radio plus 配备了 UHV，那么它将集成语音对话系统。

3）MMI Navigation

MMI Navigation 是一种 DVD 导航系统，使用 6.5in 彩色显示器显示二维地图，导航电子装置集成在信息电子设备控制单元 J794 中。

与先前的奥迪汽车 DVD 导航系统相比，第三代 MMI Navigation 也可以不使用导航 DVD 光盘。因此必须将完整的导航数据存入一块至少具有 8GB 容量的 SD 卡中，然后将这块 SD 卡插入 SD 读卡器中。可以直接通过信息电子设备控制单元 J794 中的"Setup"（设置）菜单将导航 DVD 上的数据复制到 SD 卡上。

4）MMI Navigation plus

MMI Navigation plus 是导航仪的顶级型号。它不仅具有快速的导航计算速度，而且三维地图同样给人留下了深刻的印象。为了确保对海量数据的快速访问，MMI Navigation plus 的信息电子设备控制单元 J794 配备了一块 2.5in 大容量硬盘，具有 30GB 的存储空间。MMI Navigation plus 具有经过改进的分屏功能，可以显示变道和路线建议等。

2．多媒体系统的组成及功能

奥迪汽车多媒体系统主要由信息电子设备控制单元 J794、收音机 R 单元、CD 换碟机 R41 单元、数字音响包控制单元 J525、TV 调谐器 R78 单元、数据总线诊断接口 J533 及 MMI 显示屏 J685 组成，如图 6.18 所示。其中，除 MMI 显示屏 J685 外，其他控制单元均通过 MOST 总线串联在环路中，奥迪汽车多媒体系统的网络图如图 6.19 所示。

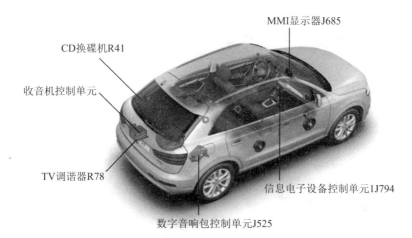

图 6.18 奥迪汽车多媒体系统组成

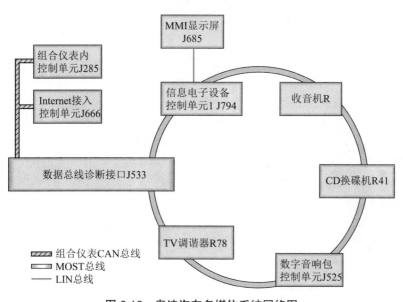

图 6.19 奥迪汽车多媒体系统网络图

1) 信息电子设备控制单元 J794

信息电子设备控制单元 J794 是 MMI 系统的主控制单元。第三代 MMI 系统的主控制单元 J794 始终装配在同一种车型的相同位置上。第二代 MMI High 采用了多达 6 个单独的控制单元，与此相比，第三代 MMI 系统的信息电子设备控制单元 J794 将这些控制单元都集成在了一起，使 MOST 总线上的控制单元总数减少，如图 6.20 所示。

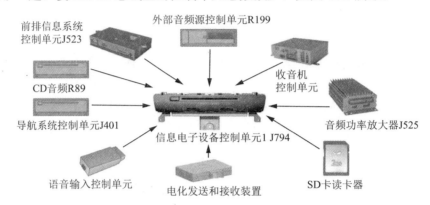

图 6.20　J794 包含功能

J794 中包括以下控制单元：前部信息控制单元 J523、单碟 CD 驱动器 R89、导航系统控制单元 J401（可选）、电话收发器 R36（可选）、语音输入控制单元 J507（仅限电话或导航系统）、外部音频源控制单元 R199（可选）。

J794 可包括以下元件：SD 读卡器（不适用于 MMI Radio）、硬盘（仅限 MMI Navigation plus）、SIM 卡读卡器。

信息电子设备控制单元 J794 功能如下：

（1）控制 MOST 总线上的通信，J794 是 MOST 总线上的系统主控装置。
（2）读取来自多媒体系统操作单元 E380（MMI 操作单元）的信息。
（3）控制和诊断用于显示 MMI 系统信息的 MMI 显示器 J685。
（4）通过数据总线的诊断接口 J533 与组合仪表内的控制单元 J285 进行通信，用于显示 MMI 信息。

2) 显示器（前部显示、操作和信息单元控制单元 J685 的显示单元）

第三代 MMI 具有两种显示器，都采用彩色显示器。

MMI Navigation plus 使用一款 7in 的 TFT-LCD 显示器。分辨率为 800 像素×480 像素；尺寸为 152.4mm×91.4mm。其他版本均采用一款 6.5in 的 TFT-LCD，分辨率为 400 像素×240 像素；尺寸为 143.4mm×79.3mm。

3) 多媒体系统操作单元 E380

除第二代 MMI 系统上的多个操作单元被继续沿用外，第三代 MMI 系统上增加了一个操纵杆，但只在 MMI Navigation plus 上配备。这个八向操纵杆集成在中央旋压调节器中。通过它可以移动导航地图中的十字标记，也可用它操作视频 DVD 的主菜单，多媒体系统操作单元 E380 如图 6.21 所示。

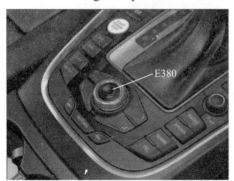

图 6.21　多媒体系统操作单元 E380

3. 收音机 R 单元

收音机 R 中集成有模拟收音机、数字收音机和基本/标准音频放大器。收音机 R 中已经根据音响系统的类型集成了相应的音频放大器。表 6-1 中列举了各个音响系统及相应的内部放大器和功率。

表 6-1 奥迪汽车音响系统的几种配置

奥迪 A4、A5 和 Q5 汽车		
基本音响系统	4 声道放大器	80W 放大功率
奥迪音响系统（标准）	6 声道放大器	180W 放大功率
顶级音响系统（Bang & Olufsen）	外部放大器	
奥迪 A6 和 Q7 汽车		
基本音响系统	4 声道放大器	80W 放大功率
标准音响系统	6 声道放大器	180W 放大功率
顶级音响系统（Bose）	外部放大器	
奥迪 A8 汽车		
标准音响系统	6 声道放大器	180W 放大功率
顶级音响系统（Bose）	外部放大器	
顶级音响系统（Bang & Olufsen）	两个外部放大器	

1）基本音响系统

基本音响系统由带集成 4 声道放大器的收音机 R 和 4 个（或 8 个）扬声器组成。所有的扬声器都与收音机 R 连接。在基本音响系统中，收音机通过 MOST 总线接收来自其他控制单元（如 CD 换碟机）的各种音频信号，并负责传递这些信号。奥迪汽车基本音响系统组成如图 6.22 所示。

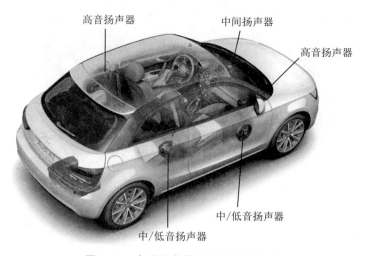

图 6.22 奥迪汽车基本音响系统组成

2) 标准音响系统

标准音响系统也称奥迪汽车音响系统。它由带集成6声道放大器的收音机R和总共10个扬声器组成，所有的扬声器都与收音机R连接。在标准音响系统中，收音机同样通过MOST总线接收来自其他控制单元（如CD换碟机）的各种音频信号，并负责传递这些信号。同基本音响系统相比，标准音响系统中收音机内置声道放大器数量与驱动扬声器数量均多。奥迪汽车标准音响系统的配置电路图及组成如图6.23和图6.24所示。

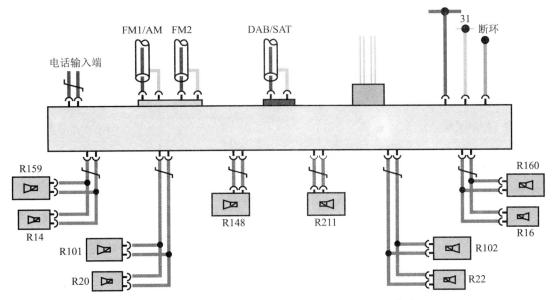

图6.23 奥迪汽车音响系统（标准）的收音机配置电路图

图6.24 奥迪汽车标准音响系统组成

3）顶级音响系统

顶级音响系统包括 Bang & Olufsen 音响系统和 Bose 音响系统。所有的顶级音响系统都具有外部放大器，扬声器的总数取决于具体的车型。奥迪汽车顶级音响系统如图 6.25 和图 6.26 所示。

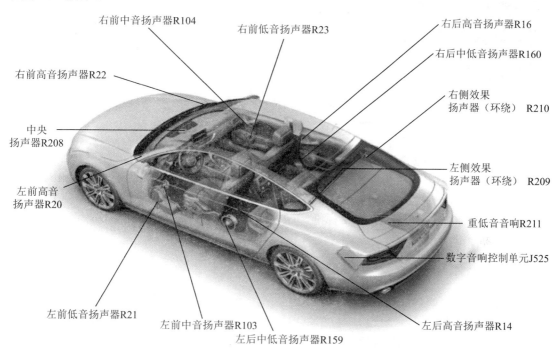

图 6.25 配备 Bose 环绕立体声音响系统

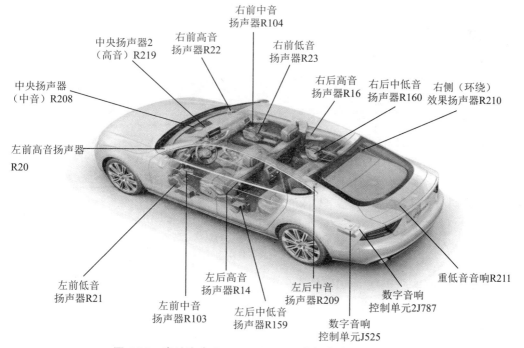

图 6.26 奥迪汽车 Bang & Olufsen 高级音响系统配置图

4. TV 调谐器 R78

TV 调谐器为选配件，位于行李箱的左后方。TV 调谐器如图 6.27 所示。

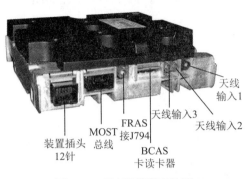

图 6.27　TV 调谐器实物图

TV 调谐器通过天线导线给天线放大器供应 8.5V 的电压。天线接收信号的方式与以前的电视调谐器是相同的。调谐器天线 1 和 2 只负责接收电视信号；调谐器天线 3 定期搜索新台以更新电台列表，也用于接收电视信号。TV 调谐器的功耗约为 8W，如果该 TV 调谐器并不是当前使用的媒体源，则换到待机模式。在待机模式时，TV 调谐器的功耗在 2～8W 变动。

5. CD 换碟机 R41

多媒体系统采用的是第二代 MMI 系统上已有的 CD 换碟机。换碟机的软件根据第三代 MMI 系统的特点进行相应的调整。CD 换碟机 R41 支持音频 CD 光盘的红皮书标准。CD 换碟机为选配件，位于杂物箱内，可同时支持 6 碟 CD。

6.3.2　宝马汽车多媒体系统

宝马汽车中多媒体系统又称信息和娱乐系统，该系统中包含了多个控制单元，采用分散式功能分配，控制单元间也是通过 MOST 总线通信的。宝马汽车信息和娱乐系统经历了 ASK、CCC、CIC、NBT 四个阶段的发展，目前主要以 CIC 和 NBT 较为普及。下面以宝马 5 系 F18 底盘轿车的 CIC 系统为例讲述其信息和娱乐系统的组成与工作原理。

宝马 F18 轿车多媒体系统组成

宝马 F18 轿车多媒体系统的组成如图 6.28 所示。

1) 车辆信息计算机（CIC）

CIC 是用于 MOST 总线的网络主控单元，如图 6.29 所示，具有唤醒初始化设置、快速休眠、配置监控、网络运行监控、故障码存储等功能。中央显示屏通过数据线与 CIC 相连，MOST 系统内显示信息通过 CID 实现。

2) 中央显示屏（CID）

CID 通过 LVDS 数据线同 CIC 相连，承担多媒体系统内所有模块的信息显示功能，如图 6.30 所示。

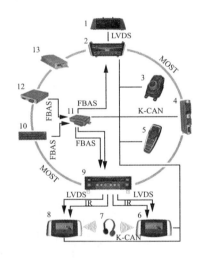

图 6.28　宝马 F18 轿车多媒体系统的组成
1—中央信息显示屏（CID）；2—车辆信息计算机（CIC）；
3—控制器；4—中央网管模块（ZGM）；5—无线遥控器；
6—带红外线发射单元的后座区显示屏 FD2；
7—红外线耳机；8—带红外线发射单元的后座区显示屏 FD；
9—中级型后座区娱乐（RSE-Mid）系统；
10—6 碟 DVD 换碟机；11—视频开关（VSW）；
12—视频模块（VM）；13—远程通信系统控制单元（TCU）

图 6.29　车辆信息计算机

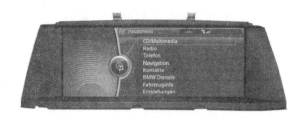

图 6.30　中央显示屏

3）控制器

多媒体系统控制器如图 6.31 所示，是人机交互界面的指令开关，负责把驾驶人输入的指令通过数据线传送到 CIC，CIC 对指令进行处理，通过 MOST 总线系统发送给其他控制单元或内部处理。

4）音响系统

宝马 F18 轿车提供 3 个质量等级的扬声器系统：立体声音响系统、高保真音响系统、顶级高保真音响系统。

（1）立体声音响系统。立体声音响系统不用附加放大器控制，而是使用主控单元的扬声器输出端。该系统由总共 6 个扬声器组成。这些扬声器由主控单元的 4 个声道控制。图 6.32 所示为立体声音响系统的扬声器。所有扬声器都由安装在主控单元内的放大器以 4×2.5W 的功率驱动。

图 6.31　控制器实物图

1—主菜单直接切换按钮；2—CD/多媒体直接切换按钮；
3—收音机直接切换按钮；4—返回直接切换按钮；
5—子菜单选项直接切换按钮；6—导航直接切换按钮；
7—电话直接切换按钮

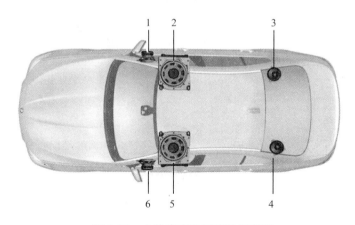

图 6.32　立体声音响系统的扬声器

1—右前车门中音扬声器；2—右前座椅下的低音扬声器；3—右侧后窗台板处的中音扬声器；
4—左侧后窗台板处的中音扬声器；5—左前座椅下的低音扬声器；6—左前车门中音扬声器

（2）高保真音响系统。高保真音响系统装有带数字均衡器的 8 声道放大器。但是高保真音响系统只使用其中的 7 个声道。低音扬声器位于前座椅下方，分别与侧门槛连接在一起。这样可以扩大播放低音所需的共振空间。根据不同国家规格又可将主控单元 CIC 和 CIC Basic 与所有放大器、扬声器系统组合使用。在高保真和顶级高保真音响系统中安装了用于高音和中音频带的独立扬声器。虽然高保真音响系统和顶级高保真音响系统扬声器的直径相同,但扬声器功率不同。使用不同材料生产隔膜、线圈和磁铁即可达到这种效果。

图 6.33 所示为高保真音响系统的扬声器和放大器。高保真音响系统由 12 个扬声器组成,中音和高音扬声器的驱动功率为 $5\times25W$,低音扬声器的驱动功率为 $2\times40W$。

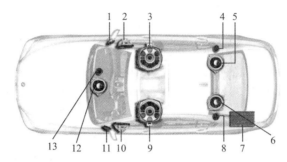

图 6.33 高保真音响系统

1—右前车门高音扬声器;2—右前车门中音扬声器;3—右前座椅下的低音扬声器;
4—右侧后窗台板处的高音扬声器;5—右侧后窗台板处的中音扬声器;6—左侧后窗台板处的中音扬声器;
7—高保真音响放大器;8—左侧后窗台板处的高音扬声器;9—左前座椅下的低音扬声器;
10—左前车门中音扬声器;11—左前车门高音扬声器;12—前部中间中音扬声器;13—前部中间高音扬声器

(3) 顶级高保真音响系统。顶级高保真音响系统支持多声道格式播放。可通过 CIC 驱动器或 6 碟 DVC 换碟机播放多声道音频文件。图 6.34 所示为高保真音响系统的扬声器和放大器。顶级高保真音响系统由 16 个扬声器组成,分别使用不同的附加音,中音和高音扬声器的驱动功率为 $5\times25W$,低音扬声器的驱动功率为 $2\times40W$。

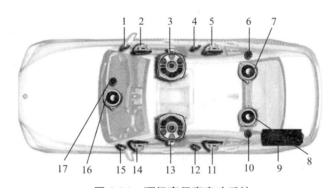

图 6.34 顶级高保真音响系统

1—右前车门高音扬声器;2—右前车门中音扬声器;3—右前座椅下的低音扬声器;4—右后车门高音扬声器;
5—右后车门中音扬声器;6—右侧后窗台板处的高音扬声器;7—右侧后窗台板处的中音扬声器;
8—左侧后窗台板处的中音扬声器;9—顶级高保真音响放大器;10—左侧后窗台板处的高音扬声器;
11—左后车门中音扬声器;12—左后车门高音扬声器;13—左前座椅下的低音扬声器;
14—左前车门中音扬声器;15—左前车门高音扬声器;16—前部中间中音扬声器;17—前部中间高音扬声器

6.4 典型故障案例及分析

1. 奥迪 A6L C6 汽车影音导航系统案例

1) 故障现象

2006 年款奥迪 A6L 汽车的影音系统不工作,MMI 显示屏黑屏。

2) 原理分析

2006 年款奥迪 A6L 为 C6 平台轿车,该车影音系统由多个模块构成,系统挂靠在 MOST 总线上。MOST 系统目前主要应用在高档车的娱乐控制部分,如奥迪车型中的 A6 C6、Q7、A8 D3 等;宝马车型中的 E90、E70、E65、E60 等;奔驰车型中的 W211、W221 等。由于这些车辆配置相对较高,注重舒适系统、娱乐系统的装备,加之现在车辆控制系统网络化越来越高,所以各种通信系统在这些高档车上都有应用,如 CAN-BUS 通信、蓝牙通信、红外线通信、MOST 通信等。但为什么娱乐系统选择 MOST 通信呢?主要考虑到娱乐系统涉及电话控制单元、导航控制单元、DVD、收音机、功放控制单元、电视控制单元、中央显示器等。这些控制单元之间需要传输的数据量很多,如音频数据、影频数据、文字信息等。而普通的 CAN-BUS 总线通信系统已经不能满足这些数据的传输,所以引进了 MOST 通信系统,即光缆通信,如图 6.35 所示。

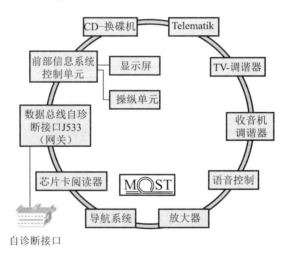

图 6.35 奥迪 A6L C6 轿车 MOST 系统网络图

3) 系统组成

奥迪 A6L C6 轿车 MOST 总线系统主要由网关计算机、前部信息系统控制单元、CD 换碟机、电话控制单元、TV 控制单元、收音机控制单元、语音控制单元、功率放大器、导航系统、芯片卡阅读器等组成,所有系统控制单元通过一根光缆通信线串联在一起并形成一个环形网络,如图 6.35 所示。光的传递是单向的,顺时针方向传输。每个控制单元都有两个光缆接口,即进口和出口,如图 6.36 所示。

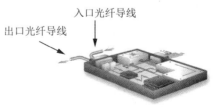

图 6.36 MOST 总线控制单元光纤进出口

4)信号传递过程

如打开收音机准备听"交通广播台",则在收音机调谐器上选择该电台,收音机控制单元处理后,把需要的音频信号通过 MOST 总线送出,语音控制单元对其进行音量和音质的控制,而后同样通过 MOST 总线送出,功率放大器控制单元处理接收到的音频信号,并让音响工作,与此同时,前部信息系统控制单元前显示屏工作,显示当先的波段等相关信息。

如果车主在听收音机的时候有电话打入,则电话控制单元迅速发出工作指令,给功率放大器控制单元,功率放大器控制单元停止发出收音机信号,优先接入电话语音信号,而且前部信息系统控制单元也控制前显示屏显示电话信息。这就是常说的优先权问题,在本例中,显然电话比收音机更具有优先权。

5)系统诊断

MOST 系统中各个控制单元都具有故障自诊断功能,只要发生的故障被控制单元监控到,控制单元就会记录故障码,以便检测查找。

该车 MOST 系统故障,可利用大众专用故障诊断仪 VAS 5052 或 VAS 6150B 通过车载自诊断接口进入控制单元查看故障码和数据流。首先,分析自诊断接口的针脚定义,如图 6.37 所示,自诊断插座代号为 T16b,共 16 脚,其中 T16b/1 为 30 号端子,T16b/16 为 30 号端子,T16b/4 为 31 号端子,T16b/5 为 31 号端子,T16b/7 为 K 诊断线,T16b/15 为 L 诊断线,T16b/6 为诊断 CAN 总线,高位,T16b/14 为诊断 CAN 总线,低位。

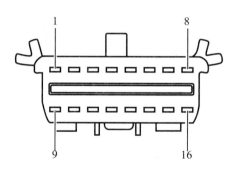

图 6.37 自诊断插座图

从上面针脚定义可看出有 K 诊断线、L 诊断线。CAN 总线诊断。目前老款奥迪 A4、A6 汽车还都采用 K 线、L 线诊断,奥迪 A6L、A8D3、Q7 等高档车型都已实现了 CAN 总线诊断,即取消了 K 线和 L 线(T16b/7 和 T16b/15 为空脚),故障诊断仪与车辆之间的通信通过诊断插座的 T16b/6 和 T16b/14 完成。

该车诊断信号传递过程:故障诊断仪首先通过诊断插座与数据总线自诊断接口 J533(网关)进行通信,而后网关计算机再与 MOST 系统内各模块进行通信。可以看出,如果网关计算机出现问题或者 MOST 光缆断路,则故障诊断仪也就不可能与 MOST 系统中的任何模块进行通信。

6)诊断流程

因该车 MOST 系统黑屏,通过以上分析可知 MOST 系统环路断路的可能性较大。进入 MOST 系统环路诊断的具体方法可归纳为两种。

(1)采用诊断仪引导功能。用 VAS 5052 故障诊断仪,选择"引导性功能"选项,而后按照车型提示选择车型信息,进入"+J533 数据总线诊断接口的功能(维修分组号

90)"界面,单击"J533-诊断接口,回路中断诊断(维修分组号90)",如图6.38所示,而后根据诊断仪提示操作即可找到引起故障的原因。

回路中断诊断原理如下:J533通过环路断路诊断线向其他控制单元发射一个脉冲信号,而后MOST系统所有控制单元发出光信号,并在此时检查模块电源和内部电气功能及是否接收到光信号。每个控制单元在设定的时间内进行应答。J533根据应答的时间来识别是哪个控制单元发出了应答。回路中断诊断原理示意图如图6.39所示。

回路中断诊断开始后,MOST总线上的控制单元会发出以下两种信息:若控制单元的电控功能正常,则发出控制单元电气方面正常信息;若控制单元的光敏二极管接收到环形总线上位于其前面的控制单元发出的光信号,则发出控制单元光学方面正常信息。诊断管理器根据以上信息,便可识别两类故障情况:一是系统是否有电气故障及发生电气故障的控制单元;二是数据传递是否中断及中断发生在哪两个控制单元之间。

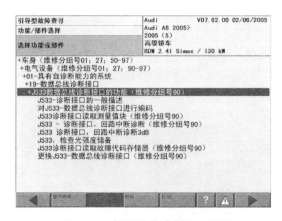

图6.38 数据总线诊断接口界面

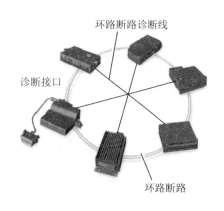

图6.39 回路中断诊断原理示意图

(2)常规诊断方法。当维修企业没有原厂诊断设备时,只能采用常规诊断方法判断故障部位。MOST系统内各个模块通过光纤串联在环路中,通信光束按照单一方向传输,每个控制模块均有一个光纤出口和一个光纤入口,如图6.40所示。

图6.40 光纤接头

具体诊断方法如下。

①把MOST系统内所有模块的固定外饰件拆掉,以便能插拔模块后面的MOST光纤插头。

②逐一断开 MOST 系统内的光纤插头,断开每个模块插头后注意观察 MOST 光纤接头是否有"光"发出。光纤接头上有"光纤进口"和"光纤出口",如果环路正常,则环路的上级模块应能正常发出一束光到下级模块的"光纤进口"处;同样该模块也应该发出一束光传递到下级模块。

③若发现某个模块光纤接头上未收到上级模块发出的"光",则故障可能发生在上级模块上或者两个模块间的 MOST 光纤上。

7) 故障总结

通过以上两种方法得出同样的结论:①电话模块未能发出"光"信号,分析可能故障点为串联在 MOST 环路中的控制单元硬件故障;②控制单元供电电源故障。而后根据电路图查找电话模块部分电路图,检查其供电电源均正常,结论为电话模块内部故障。更换该电话模块后故障排除。

MOST 系统的环形结构是其重要特征。发生故障后除可采用上述两种诊断方法外,还可采用短接接头短接 MOST 光纤插头使整个 MOST 系统环路贯通,短接接头如图 6.41 所示。短接后,MOST 系统内除电话功能失效外,其他功能正常。

上述案例为 MOST 系统典型的光纤断路故障,在实际车辆使用中具体常见故障有光纤过度弯折(弯曲半径不小于 25mm),插头处脏污、破损、划伤等,如图 6.42 所示。

图 6.41 MOST 短接用光纤接头

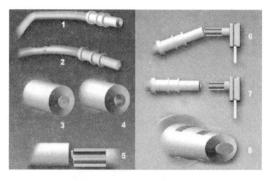

图 6.42 光纤常见故障

1—弯曲半径不足;2—外壳破坏;3—端面破损;
4—端面脏污;5—端面错位;6—角度问题;
7—两条光纤导线间漏光;8—端口有故障

2. 大众新款迈腾轿车音响系统不开机维修

1) 故障现象

2012 年款大众迈腾轿车,该车音响系统先出现左右车门扬声器有杂音,几天后彻底不能开机。

2) 故障诊断与排除

该车音响系统主要有收音机功能、播放 CD 唱片功能、蓝牙功能和导航功能。该车故障可总结为两个故障的叠加,即扬声器有杂音和不开机。

(1) 根据逻辑顺序先查找该车不开机故障,分析不开机可能的原因有两点:①主机电源部分故障;②主机内部硬件故障。图 6.43 所示为迈腾音响系统电路图,J503 为收音机导航模块,SB7(25A) 熔丝为其提供 30 号电源至 T8s/15、T8s/16 引脚,T8s/12 引脚为负极,T8s/19、T8s/10 引脚分别为舒适 CAN-H、CAN-L 总线,并连接到 J533 网关计算机。首先借助原厂诊断仪诊断，提示未能与 J503 进行通信，然后检查其供电电源，发现 SB7 熔丝烧蚀，更换后开机功能正常。

（2）扬声器杂音。该车音响系统只要开机，则后门扬声器就发出杂音，听音乐的时候杂音同样存在，初步判断扬声器故障。但更换一套扬声器后，故障依旧存在，说明故障存在于主机内部，根据原理可知，扬声器接收主机内部功率放大器信号，若功率放大器集成电路出现故障则会引起扬声器不工作、有杂音等。由后门扬声器部分电路［图 6.43(b)］可知，左后门高低音扬声器 R14、R15 通过 J503 的 T8k/4、T8k/8 引脚接入收音机主机。拆下主机，通过 T8k/4、T8k/8 引脚找到内部的功率放大器驱动芯片集成电路的 17 和 19 引脚，更换功率放大器集成电路后故障排除。该功率放大器集成电路的引脚电路如图 6.44 所示。主要因为功率放大器集成电路内部故障引起 17 和 19 引脚漏电，导致扬声器有杂音。

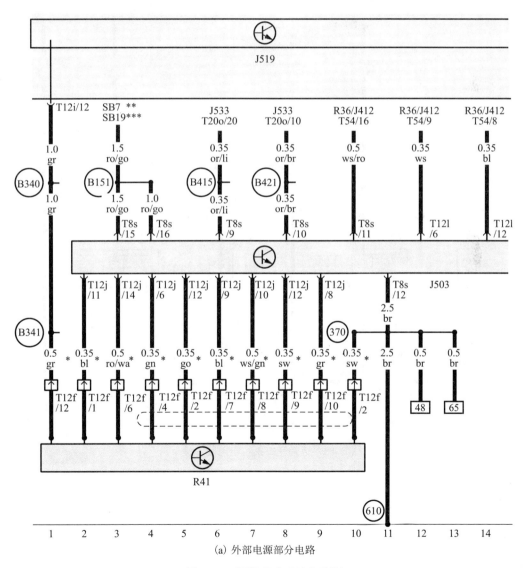

(a) 外部电源部分电路

图 6.43 迈腾音响系统电路图

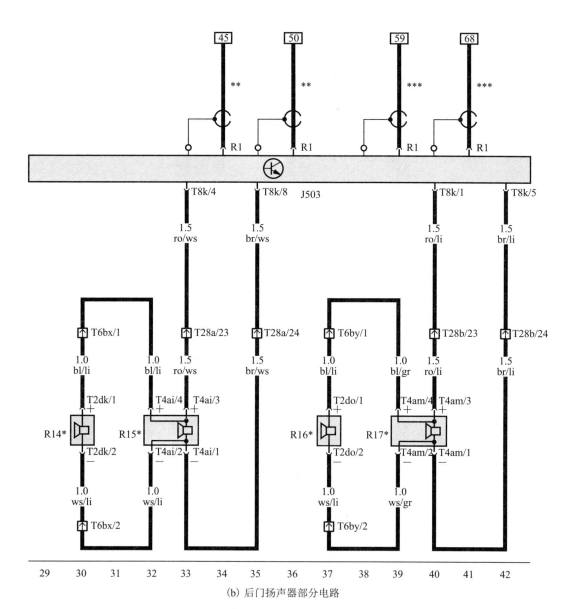

(b) 后门扬声器部分电路

图 6.43 迈腾音响系统电路图(续)

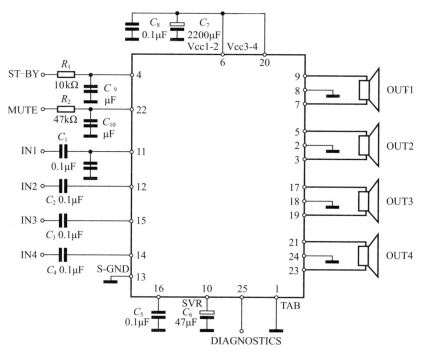

图 6.44 功率放大器集成电路引脚电路图

习 题

1. 汽车音响系统有哪些特点?
2. 汽车音响系统由哪些元件组成?
3. 汽车音响系统的配置原则是什么?配置形式有哪些?
4. 扬声器分类方法有哪些?电动式扬声器由哪些部分组成?
5. 奥迪 A7 汽车高级音响系统由哪些元件组成?
6. 简述宝马 F18 轿车多媒体系统的组成。
7. 简述 MOST 娱乐系统瘫痪时的常规诊断方法。
8. 试分析汽车音响主机不能开机的原因。汽车音响系统不读碟,试分析其原因。

参 考 文 献

[1] 季杰，吴敬静. 轻松看懂汽车电路图 [M]. 北京：化学工业出版社，2011.
[2] 张世良，邱立华. 汽车影音与导航 [M]. 武汉：华中科技大学出版社，2012.
[3] 谭本忠. 看图学修汽车音响 [M]. 北京：机械工业出版社，2013.
[4] 麻友良，丁卫东. 汽车电器与电子控制系统 [M]. 北京：机械工业出版社，2011.
[5] 李良洪. 汽车空调系统维修图解 [M]. 北京：电子工业出版社，2009.
[6] 陈立辉，宋年秀. 汽车空调 [M]. 北京：人民交通出版社，2009.
[7] 李巍. 汽车安全气囊系统维修实例精选及剖析 [M]. 北京：机械工业出版社，2010.
[8] 董安. 国产中高档轿车空调装置保养和维修 [M]. 北京：北京理工大学出版社，2002.
[9] 马华祥，朱建凤. 自动空调系统 [M]. 福州：福建科学技术出版社，2001.
[10] 李栓成，舒华. 汽车电子控制装置使用维修技术 [M]. 北京：金盾出版社，2005.
[11] 吴瀚奋，翁昶竑. 汽车音响原理及改装实用技术 [M]. 北京：机械工业出版社，2005.
[12] 杨清德，尤宜村. 轿车电子电器维修 [M]. 北京：电子工业出版社，2007.
[13] 程国元. 汽车车身控制系统维修技能实训教程 [M]. 北京：国防工业出版社，2006.
[14] 吴文琳，李美生. 国产汽车电控系统应急维修实例 [M]. 北京：人民邮电出版社，2005.
[15] 吴文琳，李美生. 进口汽车电控系统应急维修实例 [M]. 北京：人民邮电出版社，2005.

北京大学出版社汽车类教材书目

序号	书 名	标准书号	著作者	定价	出版日期
1	汽车构造(第2版)	978-7-301-19907-7	肖生发，赵树朋	56	2014.1
2	汽车构造学习指导与习题详解	978-7-301-22066-5	肖生发	26	2014.1
3	汽车发动机原理(第2版)	978-7-301-21012-3	韩同群	42	2013.5
4	汽车设计	978-7-301-12369-0	刘涛	45	2008.1
5	汽车运用基础	978-7-301-13118-3	凌永成，李雪飞	26	2008.1
6	现代汽车系统控制技术	978-7-301-12363-8	崔胜民	36	2008.1
7	汽车电气设备实验与实习	978-7-301-12356-0	谢在玉	29	2008.2
8	汽车试验测试技术（第2版）	978-7-301-25436-3	王丰元，邹旭东	36	2015.3
9	汽车运用工程基础(第2版)	978-7-301-21925-6	姜立标	34	2016.3
10	汽车制造工艺（第2版）	978-7-301-22348-2	赵桂范，杨娜	40	2013.4
11	车辆制造工艺	978-7-301-24272-8	孙建民	45	2014.6
12	汽车工程概论	978-7-301-12364-5	张京明，江浩斌	36	2008.6
13	汽车运行材料（第2版）	978-7-301-22525-7	凌永成	45	2015.6
14	汽车运动工程基础	978-7-301-25017-4	赵英勋，宋新德	38	2014.10
15	汽车试验学	978-7-301-12358-4	赵立军，白欣	28	2014.7
16	内燃机构造	978-7-301-12366-9	林波，李兴虎	26	2014.12
17	汽车故障诊断与检测技术	978-7-301-13634-8	刘占峰，林丽华	34	2013.8
18	汽车维修技术与设备（第2版）	978-7-301-25846-0	凌永成	36	2015.6
19	热工基础（第2版）	978-7-301-25537-7	于秋红，鞠晓丽等	45	2015.3
20	汽车检测与诊断技术	978-7-301-12361-4	罗念宁，张京明	30	2009.1
21	汽车评估（第2版）	978-7-301-26615-1	鲁植雄	38	2016.1
22	汽车车身设计基础	978-7-301-15619-3	王宏雁，陈君毅	28	2009.9
23	汽车车身轻量化结构与轻质材料	978-7-301-15620-9	王宏雁，陈君毅	25	2009.9
24	车辆自动变速器构造原理与设计方法	978-7-301-15609-4	田晋跃	30	2009.9
25	新能源汽车技术（第2版）	978-7-301-23700-7	崔胜民	39	2015.4
26	工程流体力学	978-7-301-12365-2	杨建国，张兆营等	35	2011.12
27	高等工程热力学	978-7-301-16077-0	曹建明，李跟宝	30	2010.1
28	汽车电气设备（第2版）	978-7-301-16916-2	凌永成，李淑英	38	2014.1
29	汽车电气设备	978-7-301-24947-5	吴焕芹，卢彦群	42	2014.10
30	汽车电器与电子设备	978-7-301-25295-6	唐文初，张春花	26	2015.2
31	现代汽车发动机原理	978-7-301-17203-2	赵丹平，吴双群	35	2013.8
32	现代汽车新技术概论（第2版）	978-7-301-24114-1	田晋跃	42	2016.1
33	现代汽车排放控制技术	978-7-301-17231-5	周庆辉	32	2012.6
34	汽车服务工程（第2版）	978-7-301-24120-2	鲁植雄	42	2015.4
35	汽车使用与管理	978-7-301-18761-6	郭宏亮，张铁军	39	2013.6
36	汽车数字开发技术	978-7-301-17598-9	姜立标	40	2010.8
37	汽车人机工程学	978-7-301-17562-0	任金东	35	2015.4
38	专用汽车结构与设计	978-7-301-17744-0	乔维高	45	2014.6
39	汽车空调	978-7-301-18066-2	刘占峰，宋力等	28	2013.8
40	汽车空调技术	978-7-301-23996-4	麻友良	36	2014.4
41	汽车CAD技术及Pro/E应用	978-7-301-18113-3	石沛林，李玉善	32	2015.4
42	汽车振动分析与测试	978-7-301-18524-7	周长城，周金宝等	40	2011.3
43	新能源汽车概论（第2版）	978-7-301-25633-6	崔胜民	37	2016.3
44	新能源汽车基础	978-7-301-25882-8	姜顺明	38	2015.7
45	汽车空气动力学数值模拟技术	978-7-301-16742-7	张英朝	45	2011.6

序号	书 名	标准书号	著作者	定价	出版日期
46	汽车电子控制技术(第2版)	978-7-301-19225-2	凌永成，丁京诺	40	2015.1
47	车辆液压传动与控制技术	978-7-301-19293-1	田晋跃	28	2015.4
48	车辆悬架设计及理论	978-7-301-19298-6	周长城	48	2011.8
49	汽车电器及电子控制技术	978-7-301-17538-5	司景萍，高志鹰	58	2012.1
50	汽车车身计算机辅助设计	978-7-301-19889-6	徐家川，王翠萍	35	2012.1
51	现代汽车新技术	978-7-301-20100-8	姜立标	49	2016.1
52	电动汽车测试与评价	978-7-301-20603-4	赵立军	35	2012.7
53	电动汽车结构与原理	978-7-301-20820-5	赵立军，佟钦智	35	2015.1
54	二手车鉴定与评估	978-7-301-21291-2	卢伟，韩平	36	2015.4
55	汽车微控制器结构原理与应用	978-7-301-22347-5	蓝志坤	45	2013.4
56	汽车振动学基础及其应用	978-7-301-22583-7	潘公宇	29	2015.2
57	车辆优化设计理论与实践	978-7-301-22675-9	潘公宇，商高高	32	2015.2
58	汽车专业英语	978-7-301-23187-6	姚嘉，马丽丽	36	2013.8
59	车辆底盘建模与分析	978-7-301-23332-0	顾林，朱跃	30	2014.1
60	汽车安全辅助驾驶技术	978-7-301-23545-4	郭烈，葛平淑等	43	2014.1
61	汽车安全	978-7-301-23794-6	郑安文	45	2015.4
62	汽车安全概论	978-7-301-22666-7	郑安文，郭健忠	35	2015.10
63	汽车系统动力学与仿真	978-7-301-25037-2	崔胜民	42	2014.11
64	汽车营销学	978-7-301-25747-0	都雪静，安惠珠	50	2015.5
65	车辆工程专业导论	978-7-301-26036-4	崔胜民	35	2015.8
66	汽车保险与理赔	978-7-301-26409-6	吴立勋，陈立辉	32	2016.1
67	汽车理论	978-7-301-26758-5	崔胜民	32	2016.1
68	新能源汽车动力电池技术	978-7-301-26866-7	麻友良	42	2016.3
69	汽车车身控制系统	978-7-301-27023-3	杭卫星	28	2016.5

如您需要更多教学资源如电子课件、电子样章、习题答案等，请登录北京大学出版社第六事业部官网www.pup6.cn搜索下载。

如您需要浏览更多专业教材，请扫下面的二维码，关注北京大学出版社第六事业部官方微信（微信号：pup6book），随时查询专业教材、浏览教材目录、内容简介等信息，并可在线申请纸质样书用于教学。

感谢您使用我们的教材，欢迎您随时与我们联系，我们将及时做好全方位的服务。联系方式：010-62750667，童编辑，13426433315@163.com，pup_6@163.com，lihu80@163.com，欢迎来电来信。客户服务QQ号：1292552107，欢迎随时咨询。